JOVANIA MARIA PERIN SANTOS

SÉRIE LÍNGUA PORTUGUESA EM FOCO

DIALÓGICA

O selo DIALÓGICA da Editora InterSaberes faz referência às publicações que privilegiam uma linguagem na qual o autor dialoga com o leitor por meio de recursos textuais e visuais, o que torna o conteúdo muito mais dinâmico. São livros que criam um ambiente de interação com o leitor – seu universo cultural, social e de elaboração de conhecimentos –, possibilitando um real processo de interlocução para que a comunicação se efetive.

*Metodologia
de ensino
de língua
portuguesa
como língua
estrangeira*

Rua Clara Vendramin, 58 • Mossunguê • CEP 81200-170 • Curitiba • PR • Brasil
Fone: (41) 2106-4170 • www.intersaberes.com • editora@editoraintersaberes.com.br

---

Dr. Ivo José Both (presidente); Dr.ª Elena Godoy; Dr. Neri dos Santos e Dr. Ulf Gregor Baranow • conselho editorial

Lindsay Azambuja • editora-chefe

Ariadne Nunes Wenger • supervisora editorial

Ariel Martins • analista editorial

Luiz Gustavo Micheletti Bazana • prepaparação de originais

Gustavo Piratello de Castro • edição de texto

Denis Kaio Tanaami • design de capa

Ingram • imagem de capa

Raphael Bernadelli • projeto gráfico

Sincronia Design • diagramação

Luana Machado Amaro e Charles L. da Silva • equipe de design

Célia Regina Tartalia e silva e Regina Claudia Cruz Prestes • iconografia

---

Dados Internacionais de Catalogação na Publicação (CIP)
(Câmara Brasileira do Livro, SP, Brasil)

Santos, Jovania Maria Perin
  Metodologia de ensino de língua portuguesa como língua estrangeira/Jovania Maria Perin Santos. Curitiba: InterSaberes, 2019. (Série Língua Portuguesa em Foco)

  Bibliografia.
  ISBN 978-85-5972-926-9

  1. Ensino – Metodologia 2. Língua estrangeira – Estudo e ensino 3. Língua portuguesa – Estudo e ensino 4. Prática pedagógica 5. Professores – Formação I. Título. II. Série.

18-21988   CDD-371.3

Índices para catálogo sistemático:

1. Língua portuguesa como língua estrangeira:
Ensino: Metodologia 371.3

Maria Alice Ferreira – Bibliotecária – CRB-8/7964

1ª edição, 2019.

Foi feito o depósito legal.

Informamos que é de inteira responsabilidade da autora a emissão de conceitos.

Nenhuma parte desta publicação poderá ser reproduzida por qualquer meio ou forma sem a prévia autorização da Editora InterSaberes.

A violação dos direitos autorais é crime estabelecido na Lei n. 9.610/1998 e punido pelo art. 184 do Código Penal.

sumário

apresentação, vii

organização didático-pedagógica, xiv

- um   Processos de ensino-aprendizagem de PLE e PL2, 17
- dois   Abordagens metodológicas para o ensino de PLE e PL2, 55
- três   Diversidade cultural e linguística nas aulas de PLE e PL2, 91
- quatro   Efeitos retroativos do exame Celpe-Bras no ensino de PLE e PL2 e na organização de cursos e programas, 131
- cinco   Planejamento e elaboração de cursos e aulas de PLE e PL2, 167
- seis   Variação linguística e ensino de PLE e PL2, 203

considerações finais, 237

lista de siglas, 239

referências, 241

bibliografia comentada, 253

respostas, 257

sobre a autora, 265

apresentação

A PRODUÇÃO DESTE livro deve-se à necessidade de elaboração de um material didático para estudantes de cursos de Letras que forneça uma base teórica e de reflexão sobre diversos aspectos envolvidos no processo de ensino-aprendizagem de português língua estrangeira (PLE) ou português segunda língua (PL2). Entendemos que há significativas diferenças entre ensinar português como língua materna e como língua não materna, assim como entre ensiná-lo em imersão (PL2) – nos países em que ele é a língua oficial, falada nas diversas práticas sociais – ou em não imersão (PLE), ou seja, fora desses países. Por essa razão, apresentaremos nesta obra diversas informações e subsídios a fim de contribuir na formação de docentes interessados em ensinar língua portuguesa para estrangeiros.

    A busca pela qualificação adequada de professores norteia todo o processo de desenvolvimento do conteúdo deste livro.

Acreditamos que existem abordagens e métodos mais favoráveis para o ensino do português considerando as características específicas de cada grupo de aprendizes. Para a identificação de quais seriam essas abordagens, é preciso conhecê-las e, de acordo com o perfil dos alunos, definir as estratégias mais adequadas. Por isso, é essencial que os professores estejam preparados para, no momento oportuno, utilizar o conhecimento que acumularam a fim de obter os melhores resultados.

Como os cursos de graduação e de pós-graduação para a formação de professores na área de ensino de língua portuguesa para estrangeiros são relativamente escassos, muitos profissionais de outras áreas passaram a suprir essa demanda de ensino. No entanto, a busca pela especialização e pelo saber fazer proporcionam aos docentes melhores condições para desempenhar com sucesso e satisfação suas atividades, sejam elas práticas de ensino, sejam pesquisas na área.

Neste trabalho, buscaremos compartilhar experiências de vários anos de docência para alunos estrangeiros, assim como inúmeras situações de análise sobre como auxiliar os alunos de modo mais efetivo. Foram muitas as situações nas quais nos encontramos sem uma resposta suficientemente adequada para perguntas intrigantes de alunos. Essas situações envolviam, por exemplo, questões culturais, hábitos e costumes ou mesmo dúvidas gramaticais e de variação linguística.

Geralmente, quem se propõe a ensinar uma língua estrangeira tem grande conhecimento sobre ela e uma vivência cultural que lhe permite transmiti-la aos outros. No ensino em imersão, ou seja, no país onde a língua é oficial e falada nas diversas práticas sociais, muitos professores de português são falantes nativos, e sabemos que há grande interesse dos alunos em estudar com professores nativos, seja qual for o idioma. No entanto, falar uma língua desde pequeno não capacita ninguém, automaticamente, a ensiná-la nem oferece o conhecimento das estratégias necessárias para essa tarefa. O olhar de um estrangeiro aprendendo uma língua depois de adulto – e até mesmo na adolescência – é bastante diferente do olhar ou da percepção do falante nativo sobre como essa língua funciona. Há, entre esses dois polos (língua materna e língua estrangeira), um aspecto essencialmente distinto que é a capacidade de intuição sobre o que falar, como falar e de que modo falar presentes nas pessoas para as quais a língua é materna. Já para os aprendizes de língua estrangeira, é necessário grande esforço e muita dedicação para que possam tornar-se falantes proficientes.

Temos, como falantes nativos do português, a intuição sobre o que é ou não adequado no idioma, mas precisamos estudá-lo sistematicamente para entender seu funcionamento e, assim, explicá-lo. Podemos citar, para exemplificar essa ideia, a metáfora do motorista e do mecânico: o primeiro sabe conduzir o veículo, mas, diante de problemas técnicos, precisa da ajuda de um mecânico ou de alguém que entenda o funcionamento do motor ou de outras peças, pois é menos frequente a existência de motoristas que também sejam mecânicos, embora isso seja possível. Vejamos agora um exemplo relacionado ao ensino de PLE e PL2. Imaginemos que alguém pergunte: "Qual é a diferença entre *por* e *para*?" Intuitivamente, sabemos formar frases adequadas com essas palavras, mas explicar por que devemos usá-las em cada contexto é outra situação.

A maioria das gramáticas da língua portuguesa traz descrições de um conjunto de regras vistas como normas que se destinam à padronização da escrita formal da língua. Assim, os professores de português para estrangeiros não têm subsídios que os auxiliem a refletir sobre como explicar ou explorar elementos linguísticos de modo compreensível para falantes não nativos. Além disso, alternativas como ensinar PLE e PL2 para alunos adultos seguindo o mesmo processo da alfabetização em língua materna são equivocadas, pois cada uma dessas situações envolve estratégias específicas de ensino e de aprendizagem.

Em virtude da grande carência de estudos e de materiais voltados à formação de professores de PLE e PL2, a tendência é que eles usem os livros didáticos voltados a outros segmentos e níveis de ensino como fontes norteadoras para o planejamento de seus cursos. O grande risco de fazer essa opção é que, muitas vezes, os livros ou os manuais não atendem suficientemente aos anseios dos aprendizes e, por falta de conhecimento, os docentes não conseguem suprir essas carências, o que os leva, junto com os alunos, à desmotivação ou ao desinteresse. As obras didáticas são importantes ferramentas para o processo de ensino-aprendizagem, e um professor com boa formação e criatividade pode valorizar e ir além do que os materiais oferecem e, principalmente, elaborar planos de trabalho e de estudos condizentes com o que os alunos procuram ou precisam.

Foi com as perspectivas da formação e da autonomia de professores de PLE e PL2 que desenvolvemos os seis capítulos deste livro. Na sequência, resumiremos os propósitos de cada um deles.

No **Capítulo 1**, apresentaremos uma reflexão sobre a aquisição de línguas estrangeiras. Para isso, discutiremos algumas especificidades relacionadas ao processo de aprendizagem, sobretudo de adultos. Além disso, traremos informações sobre os diversos contextos e situações em que os cursos de português para estrangeiros vêm sendo requisitados e mostraremos definições e características de cada um desses segmentos. Com esse panorama, daremos início à percepção dos contextos de práticas de ensino de línguas estrangeiras, especialmente de PLE e PL2.

No **Capítulo 2**, analisaremos os principais métodos e abordagens que contribuíram para o desenvolvimento das práticas de ensino de línguas, com destaque para o português como língua estrangeira. Trata-se de um capítulo essencial para essa disciplina, pois fornece a base teórica que orienta o professor quando estiver elaborando cursos e materiais didáticos ou lecionando. Geralmente, o docente não se dá conta do quanto é induzido por procedimentos teóricos, no entanto, de algum modo, ele sempre está repetindo ou aplicando métodos, técnicas ou estratégias que o influenciaram ou que ele estudou e, conscientemente, quer adotar. Abordaremos, também, a concepção estruturalista e suas influências nas práticas de ensino além de noções de língua e de ensino que a antecederam. Apresentaremos, ainda, algumas das mais significativas abordagens e os principais construtos teóricos do período considerado pós-estruturalista.

Discutiremos, no **Capítulo 3**, algumas reflexões que envolvem a diversidade em sala de aula de PLE e PL2 no que se refere a questões culturais e linguísticas. Iniciaremos com uma análise sobre o encontro de diferentes costumes e visões de mundo e mostraremos como explorá-los. Também debateremos as diferenças linguísticas entre o português brasileiro e outras línguas e suas consequências para a preparação e o desenvolvimento das aulas. Veremos que língua e cultura são indissociáveis, porém, por questões didáticas e de planejamento, trataremos de aspectos específicos do âmbito cultural e linguístico no ensino de português para estrangeiros.

No **Capítulo 4**, observaremos o formato do exame de Certificação de Proficiência em Língua Portuguesa para Estrangeiros (Celpe-Bras) para ensino de PLE e PL2 e sua importante influência teórica. Esse exame apresenta um modelo diferenciado de avaliação e foi criado considerando-se uma perspectiva holística e a produção de textos de diversos gêneros textuais. Por essa razão, contribui para o planejamento de cursos e para a identificação do nível de proficiência dos alunos de PLE e PL2.

Com o intuito de contribuir para a elaboração de cursos e a identificação do nível de proficiência dos alunos, abordaremos, no **Capítulo 5**, noções de currículo de cursos, testes de nivelamento e identificação do perfil dos egressos de cada nível ou etapa de aprendizagem. Traremos, ainda, informações sobre os parâmetros de avaliação utilizados pelo Celpe-Bras e pelo Quadro Europeu Comum de Referência para as Línguas (Alves, 2011).

Por fim, destinaremos o **Capítulo 6** a um tema bastante abordado em sala de aula, mas pouco explorado em estudos e em gramáticas de língua portuguesa. Muitas vezes, alunos de PLE e PL2 fazem perguntas sobre a variação linguística facilmente perceptível no Brasil. Além disso, os estudantes frequentemente apresentam dúvidas sobre classes linguísticas em processo de mudança, como a colocação de pronomes oblíquos, isto é, a posição dos pronomes antes ou depois dos verbos. O assunto abordado nesse capítulo tem grande proximidade com o ensino de língua materna e as dúvidas constantes de alunos brasileiros. Por essa razão, concluiremos o livro com esse assunto. No entanto, sua relevância para o ensino de PLE e PL2 também é notada por professores que se deparam com dúvidas em relação à variação linguística e a diferentes registros do português brasileiro.

Desejamos a todos uma boa leitura.

organização didático-pedagógica

Esta seção tem a finalidade de apresentar os recursos de aprendizagem utilizados no decorrer da obra, de modo a evidenciar os aspectos didático-pedagógicos que nortearam o planejamento do material e como o aluno/leitor pode tirar o melhor proveito dos conteúdos para seu aprendizado.

Logo na abertura do capítulo, você é informado a respeito dos conteúdos que nele serão abordados, bem como dos objetivos que a autora pretende alcançar.

Você conta, nesta seção, com um recurso que o instigará a fazer uma reflexão sobre os conteúdos estudados, de modo a contribuir para que as conclusões a que você chegou sejam reafirmadas ou redefinidas.

Nesta seção, a autora oferece algumas indicações de livros, filmes ou sites que podem ajudá-lo a refletir sobre os conteúdos estudados e que permitem o aprofundamento em seu processo de aprendizagem.

Com estas questões objetivas, você tem a oportunidade de verificar o grau de assimilação dos conceitos examinados, motivando-se a progredir em seus estudos e a preparar-se para outras atividades avaliativas.

Aqui, você dispõe de questões cujo objetivo é levá-lo a analisar criticamente determinado assunto e aproximar conhecimentos teóricos e práticos.

bibliografia comentada

BARBOSA, L. M. de A. (Org.). (Inter)faces (inter)culturais no ensino-aprendizagem de línguas. Campinas: Pontes, 2014.

A publicação reúne artigos voltados a estudos interculturais e ao ensino-aprendizagem de línguas, principalmente na área do português língua estrangeira (PLE). Traz reflexões acerca do livro didático e da perspectiva intercultural, sobre o uso da tradução como diálogo intercultural, os estereótipos culturais, as estratégias de aprendizagem na compreensão escrita, as representações culturais, as interações virtuais e a competência intercultural, entre outros temas. A organizadora do livro tem larga experiência no ensino de PLE e contribui com reflexões sobre a formação de professores e as práticas de ensino interculturais.

BASSO, R. M.; GONÇALVEZ, R. T. História concisa da língua portuguesa. Petrópolis: Vozes, 2014.

O livro apresenta a trajetória da língua portuguesa, incluindo suas origens no proto-indo-europeu e no latim até chegar à recepção portuguesa do Brasil e como ela se desenvolveu em nosso país. Esses conhecimentos fornecem visão ampla e proporcionam entendimento histórico sobre nosso idioma. Para os professores de Língua Portuguesa, seja materna ou estrangeira, trata-se de um conteúdo primoroso e importante para sua formação.

> Nesta seção, você encontra comentários acerca de algumas obras de referência para o estudo dos temas examinados.

# um	Processos de ensino-aprendizagem de PLE e PL2
dois	Abordagens metodológicas para o ensino de PLE e PL2
três	Diversidade cultural e linguística nas aulas de PLE e PL2
quatro	Efeitos retroativos do exame Celpe-Bras no ensino de PLE e PL2 e na organização de cursos e programas
cinco	Planejamento e elaboração de cursos e aulas de PLE e PL2
seis	Variação linguística e ensino de PLE e PL2

❰ NESTE CAPÍTULO, ABORDAREMOS as principais características dos processos de ensino-aprendizagem de português língua estrangeira (PLE) e português segunda língua (PL2), propondo reflexões relacionadas a esses processos.

A aprendizagem da língua materna (LM) ocorre em um tempo relativamente curto se pensarmos que, em torno de 3 anos, as crianças já podem produzir sentenças complexas. De acordo com Grolla e Silva (2014, p. 10), as crianças adquirem uma língua "quando elas ainda são muito novas, numa fase em que dificilmente conseguem realizar outras tarefas aparentemente bem mais simples, como amarrar os sapatos, por exemplo".

As crianças geralmente adotam o modo de falar das pessoas da comunidade na qual estão inseridas, e isso ocorre com bastante naturalidade. Curiosamente, os filhos de pais estrangeiros costumam falar como as crianças de famílias nativas. No entanto, quando os adultos aprendem outra língua, é necessário grande empenho. Diversas variáveis podem influenciar esse processo, facilitando ou retardando seu desenvolvimento. Fatores emocionais, afetivos, empáticos, culturais e econômicos, por exemplo, podem motivar ou desmotivar alguém que esteja aprendendo um novo idioma.

umpontoum
Nomenclaturas relacionadas ao ensino de português para estrangeiros

A partir dos anos 1990, percebeu-se um aumento significativo de estrangeiros interessados em aprender o português brasileiro. Essa procura se intensificou nas duas primeiras décadas do século XXI e foi motivada, sobretudo, pela projeção econômica do Brasil no cenário mundial. Além da instalação de empresas estrangeiras no país, o tamanho da população brasileira representou (e ainda representa) um fator relevante que impulsiona contatos diversos e, com isso, amplia-se a necessidade de estrangeiros aprenderem nosso idioma. Há outras razões que também podem ser mencionadas, como relacionamentos pessoais, viagens, estudos e pesquisas, missões religiosas, intercâmbios e interesse pela cultura (principalmente pela música brasileira) e pela língua. Recentemente, houve o aumento de refugiados, pessoas que deixaram seus países por causa de desastres naturais ou em virtude de situações de conflito ou guerra. Diante disso, estudos sobre o ensino de português para estrangeiros ganharam maior motivação e proporcionaram o desenvolvimento de trabalhos acadêmicos e materiais didáticos e a necessidade de cursos para a formação de professores. Nesse contexto, surgiram diversas nomenclaturas que visam classificar as características desse ensino, principalmente de acordo com o perfil dos alunos e identificar-se com uma perspectiva teórica.

Os termos *língua estrangeira* (LE) e *segunda língua* (L2) já vêm sendo empregados há algum tempo nos estudos que tratam do processo de ensino-aprendizagem de idiomas. O conceito de *língua 2* ou *segunda língua* compreende o ensino de determinada língua como não materna em espaços nos quais ela é oficial e corrente nos meios de comunicação e nas relações sociais e comerciais. Nessa situação, ocorre o *ensino em imersão*, ou seja, aprende-se uma língua no país em que ela é oficial e falada em diversas práticas sociais. A palavra *imersão* significa, nesse contexto, estar envolvido de diferentes modos pela língua e pela cultura da população local. É o caso de indivíduos que se mudam para outro país e precisam se comunicar e desempenhar atividades diversas. No entanto, principalmente na vida adulta, estar inserido no meio em que se fala determinada língua parece não ser suficiente para alguém atingir níveis altos de proficiência no idioma. Embora isso seja possível, as pessoas geralmente procuram cursos que as auxiliem a desenvolver o aprendizado da língua.

Considerando-se a aprendizagem do português por indígenas brasileiros, vemos que, nesse caso, não se trata de estrangeiros e, por isso, a expressão *segunda língua* seria mais apropriada, do que *língua estrangeira* (LE).

A designação LE vem de longa data e, de modo geral, refere-se ao ensino de idiomas para não nativos. No entanto, essa nomenclatura faz algumas generalizações e, atualmente, é utilizada para referir-se especificamente ao ensino de uma língua fora do espaço em que ela é oficial e falada nas diversas relações sociopolíticas. É o exemplo do aprendizado inglês no Brasil ou do português nos Estados Unidos. Nesses casos, existe um distanciamento dos espaços físicos onde essas línguas estão presentes em situações cotidianas. Entretanto, ainda hoje, algumas escolas de línguas no Brasil utilizam a classificação *português como língua estrangeira* (PLE) para deixar claro para a comunidade em geral qual é seu público-alvo. Essa opção também pode ser vantajosa por razões comerciais.

Um caso bastante curioso é o uso do português em Macau, na China. O local foi colônia de Portugal entre os séculos XVI e XVII e a presença dos colonizadores deixou uma herança significativa por lá. A língua portuguesa é empregada especialmente no meio jurídico e pode ser vista em placas de locais públicos, como no exemplo da Figura 1.1.

Figura 1.1 – Placa de rua em Macau, na China

No caso de Macau, o fato de a língua portuguesa ser cooficial não significa que seja de uso corrente na cidade e que as pessoas que lá vivem se comuniquem diariamente por meio dela.

Podemos citar outros exemplos curiosos em cidades na divisa entre países de diferentes línguas e que estabelecem fortes relações de contato. É o que ocorre em algumas regiões da fronteira do Brasil com o Paraguai, em que a proximidade e o contato frequente entre as populações locais favorecem a aprendizagem dos idiomas dos dois países. Nesses casos, parece mais adequado utilizar o termo *segunda língua*, pois, oficialmente, cada país tem uma língua oficial.

Em tempos de globalização, a palavra *estrangeiro* vem sendo questionada, pois denota o que é *estranho* ou *diferente*. Com isso, novas terminologias ganham força no ensino de línguas. Conforme descrito por Schlatter e Garcez (2009), o termo *língua adicional* considera os idiomas estudados na escola como acréscimos ao repertório dos alunos. Esse conceito leva em conta que na sociedade atual, existem pessoas de diferentes nacionalidades e formações socioculturais, por isso é bastante complexo identificar quem é nativo e quem é estrangeiro.

Muitas universidades brasileiras têm aderido ao termo *língua adicional*, pois é bastante abrangente e, assim, pode-se entender que o aluno adicionou um idioma a seu repertório linguístico.

Entre as denominações que procuram não restringir o ponto de vista sobre uma modalidade de ensino de língua portuguesa, está o *português para falantes de outras línguas* (Pfol), ou seja, para quem está aprendendo o português como língua não materna.

Outra nomenclatura é *português para estrangeiros* (PE) e mesmo o uso de PLE referindo-se a *português língua estrangeira*. Essas siglas também são muito utilizadas e podemos encontrá-las em trabalhos acadêmicos, em apresentações em eventos e em nomes de cursos de línguas em escolas, faculdades e universidades. Essas denominações tratam do ensino de português como língua não materna.

Um pouco menos frequente é a designação *língua de herança*, que se refere ao idioma geralmente aprendido na infância, quando os pais são migrantes e conservam sua língua de origem. Os filhos a aprendem por ouvir os pais ou por entrar em contato com outros membros da família. Frequentemente, os indivíduos apresentam boa pronúncia e entonação, mas dificuldade para escrever. É o exemplo de filhos de brasileiros que emigraram para outros países nas últimas décadas.

Para concluir esta seção, vamos tratar do conceito de *língua de acolhimento*, de acordo com Grosso (2010). Os deslocamentos de migrantes por motivos diversos, como desemprego, violação dos direitos humanos, desigualdade econômica e situações de conflito, proporcionaram uma nova configuração social, sobretudo na Europa. A fim de contribuir com a adaptação social e o ensino do idioma local para essas pessoas, novas práticas de ensino fizeram-se necessárias. Assim, o conceito de *língua de acolhimento* "ultrapassa a noção de língua estrangeira ou de língua segunda" (Grosso, 2010, p. 68), pois deve configurar-se como um conhecimento que visa à autonomia e à possibilidade de integração em uma nova sociedade. Nessas condições, professores e aprendizes cooperam e desenvolvem um novo olhar sobre a realidade plurilíngue e pluricultural que se estabelece. Assim, as aulas de língua de acolhimento devem proporcionar conhecimentos sobre as leis vigentes no país, as relações profissionais e as diversas práticas relacionadas à moradia e ao convívio social. Esse assunto será retomado na Seção 1.5.

umpontodois
Características do ensino-aprendizagem de PLM, PLE e PL2

Nesta seção, continuaremos apresentando conceitos, definições e exemplos que auxiliem na compreensão dos processos de ensino-aprendizagem de PLE e PL2.

Na seção anterior, mencionamos vários termos utilizados para fazer referência às práticas de ensino de português como língua não materna. Agora, observaremos pontos que aproximam e distanciam o português língua materna (PLM) do PLE e do PL2.

Geralmente, aprendemos nossa LM no meio familiar ou com as pessoas com as quais convivemos na infância. Podemos observar que as crianças adquirem a fala de modo bastante natural e sua pronúncia e sua entonação são muito semelhantes à das demais crianças com as quais elas têm contato. Isso faz com que filhos de migrantes, embora falem a língua dos pais, adquiram o idioma do local em que vivem com as crianças da mesma faixa etária. Nesse sentido, temos uma condição muito favorável de *input* linguístico. Entendemos por *input* o acesso à informação disponível em determinados espaços ou sociedades.

A língua materna tem grande importância para a nossa constituição como indivíduos. Podemos dizer que, mais do que um meio para nos comunicarmos com os outros, ela permite nossa formação como sujeitos. Para Franchi (1992, p. 25),

> *temos então que aprendê-la [a linguagem] nessa relação instável de interioridade e de exterioridade, de diálogo e solilóquio: antes de ser para a comunicação, a linguagem é para a elaboração; e antes de ser mensagem, a linguagem é construção do pensamento; e antes de ser veículo de sentimentos, ideias, emoções, aspirações, a linguagem é um processo criador em que organizamos e informamos as nossas experiências.*

Geralmente, o idioma que aprendemos mais tarde, na vida adulta, ou que estudamos na escola em horários específicos, é chamado de LE. Parece haver uma proximidade quando falamos de LM e um distanciamento quando falamos de LE. É provável que o modo como nos relacionamos com elas cause essa distinção. No entanto, mesmo em nossa LM – apesar de estarmos habituados a entendê-la e de termos uma intuição quanto ao uso da maioria de suas estruturas –, sempre aprendemos novos vocábulos ou expressões. Além disso, se a observarmos atentamente, perceberemos que ela possui muitas palavras e estruturas de outras línguas.

Quando as crianças estão envolvidas no processo de aquisição da escrita, podem surgir desafios significativos. Elas porém, conseguem relacionar grande parte das letras (escrita) aos fonemas (fala) que já dominam. Na aprendizagem de uma LE, principalmente por adultos, essa situação normalmente se inverte. É possível que o aluno domine a escrita, mas não disponha do conhecimento fonético em relação àquele idioma. Esse é um dos pontos que mais diferencia os ensinos de LM e de LE. No aprendizado desta, adquirir a pronúncia e a prosódia adequadas exige grande esforço, por isso são necessárias muitas aulas que trabalhem essas habilidades. A dificuldade é ainda maior quando envolve línguas distantes, por exemplo, o português e o chinês, em que tanto a pronúncia quanto a escrita diferem significativamente.

Outro ponto de grande distanciamento é a metodologia de ensino de LM, LE e L2 no tocante às temáticas escolhidas. Ao se trabalhar com adultos, é pouco adequado utilizar os mesmos temas usados com crianças. É necessário adequar os textos e os assuntos a serem discutidos, pois os adultos vivenciam experiências diferentes, e os materiais do universo infantil serão pouco atraentes para eles. Além disso, alunos mais maduros têm vivências e conhecimentos variados e, em geral, estão familiarizados com a leitura e a escrita em sua LM. É possível, então, estimular a associação e a inferência sobre o significado de palavras e expressões e estimulá-los a contar suas experiências.

É importante destacar uma questão relacionada à resistência em aprender outras línguas, a qual está associada à preservação da identidade. De acordo com Coracini (2003), aprender uma nova língua pode ser interpretado como aprender uma língua estranha, do outro ou de outra cultura. Curiosamente, esse estranhamento pode gerar um sentimento positivo que implica a vontade de querer saber como é essa cultura, mas pode provocar medo da perda da identidade ou resistência ao que o país – ou os países – no qual a língua é falada representa sociopoliticamente.

Quando falamos outra língua, algumas mudanças ocorrem em nossas atitudes. Aprender outra forma de comunicação envolve alterações no aparato fonador, no timbre de voz e até na maneira de perceber o mundo. Essas transformações podem causar resistência e estranhamento, fatores que dificultam o processo de aprendizagem de uma LE.

Uma metodologia que parece contribuir tanto para a aprendizagem de LM quanto de LE e L2 é a utilização de jogos ou atividades lúdicas, os quais podem ser muito úteis. Além disso, a música pode ser uma importante aliada no processo de ensino-aprendizagem.

Para concluir, apresentamos algumas sugestões que favorecem a prática pedagógica reflexiva. Acreditamos ser uma boa experiência que os professores de PLE e PL2 sejam aprendizes de línguas. Estar na condição de aluno certamente contribuirá para que o docente tenha a dimensão do que é aprender um novo idioma, sobretudo distante do português.

Outra sugestão é que o professor realize atividades cotidianas, como pegar um ônibus, e fazer compras e tentar olhar para essa realidade como se fosse um estrangeiro. Estamos habituados a fazer tudo automaticamente, sem monitorar e observar as etapas em que as situações acontecem. Portanto, colocar-se no lugar do outro é uma prática que contribui para identificar as dificuldades e compreender o ponto de vista e as necessidades alheias, em especial dos alunos.

Diante dessas experiências, é importante que o professor em formação tome por hábito desenvolver a prática reflexiva. Segundo Rocha e Gileno (2015, p. 247),

> A prática reflexiva é justamente a que transforma as ações e que dá sentido ao processo de ensino e aprendizagem em sua dinamicidade e heterogeneidade didático-pedagógica. Assim, a prática de ser docente precisa sustentar-se sobre hábitos que se modifiquem e se reconstruam a partir da dinamicidade e da interação em cada contexto de ensino e aprendizagem autênticos.

Concluímos esta seção destacando a necessidade da prática reflexiva na formação inicial e continuada de professores de línguas.

umpontotrês
Práticas de ensino de línguas em imersão e não imersão, com aulas em grupos e individuais

Conforme vimos na Seção 1.1, o ensino em imersão está relacionado ao aprendizado de uma língua em um lugar no qual ela é oficial e está presente em diversas situações cotidianas da sociedade. Nessas condições, os alunos praticam a língua-alvo tanto na sala de aula quanto fora dela. Já no ensino que não ocorre em imersão, o aprendizado fica restrito ao período das aulas. Essa divisão, embora bastante perceptível na maioria das situações de ensino-aprendizagem, pode não ocorrer efetivamente conforme descrito. Há ocasiões em que as pessoas estão em imersão, mas convivem com familiares ou amigos falantes da sua LM, o que poderíamos chamar de *imersão parcial*. Essa condição tende a não favorecer uma integração efetiva dos estudantes e, com isso, não contribuir para o aprendizado.

Muitas questões poderiam ser levantadas sobre as definições de *imersão* e de *não imersão* e o quanto a distinção desses conceitos pode ser relativa. Porém, quando recebemos muitos estímulos linguísticos e culturais em uma LE, é muito provável que tenhamos acesso a grande quantidade de *inputs*, relacionados à língua, aos costumes e às experiências de um local. Isso está diretamente ligado ao processo de ensino-aprendizagem, o qual recebe interferência dessas condições.

Os aprendizes em imersão costumam trazer para as aulas perguntas relacionadas às suas vivências. Vejamos, por exemplo, a pergunta de uma aluna coreana em uma aula de PL2 depois de observar um anúncio afixado na vitrine de uma loja. A estudante não compreendeu o que um cartaz com o desenho de uma galinha e no qual estava escrito *galinha morta* estaria fazendo em frente a uma loja de roupas. A estratégia de divulgação utilizada pelo estabelecimento poderia ser bastante atrativa para muitas pessoas, mas, para quem não entende o significado da expressão utilizada, tudo pode parecer muito estranho. O professor poderia explicar que a expressão *galinha morta*, naquele contexto, significava o mesmo que *promoção* ou *desconto*, mas, provavelmente, a aluna sentiria a necessidade de entender o motivo de sua utilização naquela situação. Fatores históricos estabelecem conceitos que permanecem e eventualmente passam a ser usados em contextos diversos. Encontrar uma galinha morta significa que o esforço para conseguir um alimento será menor, pois não será necessário caçá-la ou comprá-la, apenas pegá-la e levá-la para casa. Isso constitui uma ideia de facilidade, de praticidade ou de favorecimento. Situações como essa nos levam a refletir que expressões que são claras para um falante nativo de uma língua, em virtude de seu conhecimento cultural acumulado e de suas experiências de vida, podem ser difíceis de explicar para um estrangeiro.

O ensino em imersão também permite maior contato com a variação linguística e os diferentes registros da língua e proporciona muitas discussões em sala de aula sobre as diversas características e do idioma. Outro aspecto relevante é o acesso a materiais autênticos e a possibilidade de produzir conteúdos orais e escritos em situações reais de comunicação. Esses materiais são produções que circulam socialmente, apresentam funções específicas e diferenciam-se das elaboradas artificialmente e destinadas ao ensino. Utilizá-las coloca os alunos em situações de compreensão mais próximas daquelas que teriam no dia a dia.

Sobre e produção de conteúdos reais, podemos citar as atividades em que os alunos escrevem textos e efetivamente os enviam para leitores reais ou ainda práticas orais como entrevistas e telefonemas, entre outras. Vejamos alguns exemplos:

> ## Tarefas de produção de textos reais
>
> 1. Escrever um convite por *e-mail* ou uma mensagem de texto para um amigo.
> 2. Dar um aviso a alguém.
> 3. Telefonar e solicitar o valor de um produto ou informações sobre serviços.
> 4. Fazer entrevistas.
> 5. Fazer uma pesquisa de preços.
> 6. Fazer uma pesquisa de opinião.
> 7. Fazer uma solicitação de reserva em um hotel ou em uma pousada.
> 8. Fazer uma reclamação.
> 9. Fazer comentários sobre serviços e lojas.
> 10. Fazer comentários em *blogs*.

Muitas vezes, alunos em imersão procuram esse tipo de curso a fim de encontrar respostas a uma série de questões. Estamos nos referindo às explicações sobre o funcionamento da língua estudada, em especial as estruturas linguísticas. Essa preocupação pode gerar grande ansiedade nos alunos quanto ao estudo da gramática. Exploraremos mais esse assunto no Capítulo 3.

No ensino em não imersão, acreditamos haver certo distanciamento de situações e práticas autênticas da língua estudada e da cultura-alvo. Nesse caso, o professor passa a ser uma forte referência cultural e do modo de se expressar. Com relativa frequência, observamos alunos que estudaram fora do Brasil, mas com professores brasileiros, apresentarem o mesmo sotaque de seus mestres.

Uma pesquisa realizada por Rocha e Gileno (2015) com um grupo de estudantes na Espanha destacou a vontade dos alunos de aprender estruturas linguísticas em vez de questões socioculturais. As autoras atribuem esse interesse a vários fatores, entre eles o fato de que a "perspectiva didática intercultural está longe de ser uma realidade no ensino de línguas de modo mais amplo" (Rocha; Gileno, 2015, p. 251).

É provável que o interesse por questões culturais esteja muito presente no início dos cursos de idiomas. No entanto, o distanciamento vivido pelos alunos em não imersão em relação à realidade do país onde a língua estudada é falada tende a tornar a assimilação desses conteúdos mais difícil.

Cabe destacar o cuidado que os professores devem ter com as situações que envolvam a visão estereotipada da cultura de um povo. Independentemente de o ensino ser em imersão ou não, a cristalização de ideias preconcebidas pode levar à constituição de paradigmas ou de opiniões limitadas. Por isso, os professores de línguas devem fornecer um olhar plural sobre as diversas manifestações e vivências nos países nos quais a língua que ensinam é falada.

Vejamos, a seguir, um depoimento da professora Mariana Lyra, que atua no ensino de PLE e PL2 (em imersão e em não imersão). No texto, ela utiliza o termo *português segunda língua* (PSL), outra forma de designar a PL2. Imaginemos, agora, um professor de PLE e PL2 e as situações pelas quais ele poderia passar, como as relatadas a seguir.

Depoimento sobre o ensino de PLE e PL2

Meu nome é Mariana Lyra, sou professora de português como segunda língua (PSL) no Centro de Línguas e Interculturalidade (Celin-UFPR) desde 2012, o qual fica em Curitiba, no Paraná. Aqui atendo a um público bastante diversificado, trabalhando com falantes de diferentes línguas e culturas em um contexto de imersão. Porém, já tive experiências lecionando português como língua estrangeira (PLE) para alunos hispanofalantes no México e em Cuba nos anos de 2016 e 2017, respectivamente.

Chamo a atenção para a complexidade de ensinar PSL, isto é, português em um contexto de imersão. Geralmente, trabalhamos com salas de aula bastante diversas, as quais incluem múltiplas nacionalidades, línguas e culturas. Assim, o docente deve munir-se de muitas estratégias para tentar contemplar os alunos linguística, cultural e pedagogicamente. Entretanto, como se pode imaginar, esse é um trabalho árduo e, por vezes, difícil de atingir, porque cada aluno possui sua língua materna, métodos diferentes de aprender e de ver seu processo como estudante.

Tais situações não são vistas de forma tão explícita em ambientes de PLE, uma vez que estamos lidando com indivíduos que dividem a língua e traços culturais. O compartilhamento desses itens tende a facilitar a relação professor-aluno, sendo possível prever algumas atitudes e reações em sala. Além disso, se o professor dominar a língua materna de seus estudantes, é possível fazer uma ponte entre idiomas e, assim, facilitar o aprendizado.

> Contudo, existem outros desafios quando lidamos com PLE, já que o contato com o português se faz quase 100% em sala de aula, não tendo o *input* externo, recebido pelas atividades diárias em um ambiente cuja língua principal é o português. Nesse sentido, o ensino-aprendizagem torna-se mais lento e conta muito com o que é trazido pelo docente para seus estudantes. Obviamente, a internet mudou a forma como os aprendizes entram em contato e aprendem línguas estrangeiras, já que é possível acessar uma infinidade de informações com apenas um *clic*. No entantto, estar em imersão faz bastante diferença quando se aprende um idioma estrangeiro e traz surpresas, dúvidas não previstas e uma dinâmica distinta para a sala de aula, com as quais quase não me deparava quando ensinei no México e em Cuba.

FONTE: Texto fornecido pela professora Mariana Lyra de Albuquerque.

Na sequência, apresentaremos algumas reflexões sobre o ensino de línguas em grupos e em aulas individuais.

O ensino de PL2 em imersão e em grupos frequentemente ocorre com grande variedade linguística e cultural. Se considerarmos aulas de LE para um grupo de pessoas da mesma nacionalidade, já teremos a possibilidade de contar com uma ampla diversidade de sexo/gênero, idade, nível de escolaridade, pontos de vista, realidade socioeconômica, proveniência etc. Como seria, então, com um grupo de pessoas vindas de vários países? De acordo com Menezes e Santos (2012, p. 134):

> *O ensino em imersão cria em sala de aula um contexto extraordinariamente diverso devido ao conhecimento de língua-alvo, interesses e necessidades pessoais, língua materna, conhecimento de outras línguas estrangeiras, hábitos de aprendizagem, letramentos, tempo de vivência no país, tempo de exposição à L2 etc.*

As autoras realizaram uma pesquisa com alunos estrangeiros de um centro de línguas na cidade de Curitiba, no Paraná. Para compreendermos melhor o contexto apresentado no trecho citado, é importante observar a nacionalidade dos alunos entrevistados. Segundo a pesquisa, eles faziam parte de dois grupos: um de nível intermediário 1 (5 alunos) e outro de nível pré-intermediário (17 alunos). No total, eram 24 estudantes provenientes dos seguintes países: "1 da Rússia; 1 do Togo (francófono); 1 de Benin (francófono); 1 do Vietnã; 1 da Noruega; 1 do México; 1 da Argentina; 2 dos Estados Unidos; 2 do Japão; 2 da França; 4 da República Democrática do Congo (francófonos) e 7 da Coreia do Sul" (Menezes; Santos, 2012, p. 145).

Analisando a lista de nacionalidades dos estudantes, podemos perceber que se tratava de uma configuração multicultural, na qual todos tinham um desejo em comum: aprender português. A diversidade mais acentuada do ponto de vista didático é a de alunos hispanos e asiáticos em um mesmo grupo, pois a velocidade da compreensão geralmente é bastante diferente entre eles.

Embora os grupos multiculturais sejam bastante desafiadores, é possível perceber que, independentemente de serem de nacionalidades diferentes, os estudantes de línguas têm muito em comum, inclusive no que se refere às atitudes e à diversidade cultural. Dessa forma, os assuntos abordados nas aulas podem girar em torno das experiências vividas por eles, como a vida em outro país, a adaptação à alimentação diferente, os desafios ao fazer novas amizades, os choques culturais, as coisas de que sentem falta, os cuidados com a saúde e as experiências de viagens, entre outros.

Para o trabalho em imersão e com classes multiculturais, a sugestão das autoras é a exploração de tarefas colaborativas, que consistem em propor a duplas ou a pequenos grupos a produção de textos orais ou escritos e insistir em atividades em conjunto. Sobre tarefas colaborativas, podemos encontrar informações em Bulla (2007). Do ponto de vista intercultural, um grupo diversificado pode proporcionar uma troca muito rica de conhecimentos. Nessas situações, é importante que os professores preocupem-se em não expor os alunos de forma constrangedora diante dos colegas e criem na sala de aula uma atmosfera de colaboração e integração. O bom humor, o incentivo às descobertas, a diversidade de olhares e, sobretudo, o respeito ao outro são atitudes de grande importância nessas condições e devem ser exploradas pelos docentes.

As mesmas atitudes devem ser praticadas nas aulas individuais, que se configuram de modo diferente, pois a atenção do professor passa a ser um único aluno. Nessa situação, é essencial organizar a proposta de ensino pensando nos interesses desse aluno. Uma pesquisa deve ser feita para entender o que ele está procurando e de que está necessitando de fato. Vale lembrar que uma aula é diferente de um encontro informal para conversar. Por isso, é importante definir os objetivos do curso e mostrar os avanços e os desafios a serem superados a cada encontro. É provável que os professores precisem exercitar a capacidade de ouvir o aluno e dar espaço para que ele possa se expressar. Muitas vezes, as aulas individuais têm grande dependência da empatia entre docente e aprendiz. Embora a empatia seja um fator presente no encontro entre duas pessoas, alguns passos devem ser obedecidos como objetivo de seguir um procedimento profissional e consciente da importância do processo de ensino.

umpontoquatro
Ensino de PLE e PL2 em ambientes digitais

Algumas iniciativas vêm sendo desenvolvidas com o intuito de desenvolver cursos de língua a distância. Muitos deles são boas alternativas para quem não tem acesso a determinados estudos e identifica-se com o estilo de aprendizagem *on-line*. Temos visto grande participação de pessoas em *sites* de relacionamento, *blogs*, fóruns etc. Os ambientes digitais contribuem para promover uma maior interação e incentivar a leitura e a produção de textos. Nessa mesma linha, os cursos de língua vêm ganhando espaço, possibilitando o acesso à informação e fomentar o conhecimento.

Um exemplo de iniciativa de cursos de PLE e PL2 *on-line* é o Curso de Espanhol e Português para Intercâmbio (Cepi) realizado pela Universidade Federal do Rio Grande do Sul (UFRGS), conforme descrito por Bulla (2014). Esse curso visa preparar futuros alunos intercambistas para situações de interação e práticas sociais que eles provavelmente vivenciarão na universidade e na cidade de intercâmbio. As atividades propostas estão ligadas à produção de diferentes gêneros discursivos, ao desenvolvimento da integração e ao trabalho colaborativo.

Nos cursos presenciais de línguas, as relações aluno-professor e aluno-aluno são claramente identificadas. Nossas lembranças de quando éramos aprendizes passam por essas experiências. Na aprendizagem *on-line* de línguas ocorre uma reconfiguração dessas relações. Em alguns casos, os alunos não têm contato com professores. Isso foi muito frequente nas primeiras gerações de cursos de línguas *on-line*, os quais se restringiam a exercícios de correção automática.

Atualmente, as ferramentas tecnológicas permitem o contato entre professores, tutores e alunos. Também são frequentes as interações entre colegas de um mesmo curso. A existência de instrumentos que favorecem a criação de atividades interativas contribui para a diversificação das propostas de ensino presentes em ambiente virtuais. Essas ferramentas podem ser síncronas (acontecem simultaneamente) ou assíncronas (ocorrem não simultaneamente).

Podemos citar alguns exemplos, como *Hot Potatoes* (*site* que permite a criação gratuita de jogos e atividades); *Voki* (ferramenta gratuita e *on-line* por meio da qual é possível criar personagens virtuais com mensagem de voz gravada); *Moodle* (*software* livre que funciona como um gerenciador de cursos *on-line*); *Wiki* (ferramenta coletiva de interação); *Skype* (*software* que permite a comunicação pela internet com conexão de voz e vídeo); entre outros.

A grande preocupação dos cursos de línguas *on-line* é e criar propostas que favoreçam a interação e a prática da oralidade, visto que precisam fornecer grande *input* desses recursos, pois, nas aulas presenciais, o contato dos alunos com os professores e as dinâmicas realizadas propiciam essas práticas. Por isso, assim como no ensino tradicional de línguas, o ensino *on-line* segue em busca de melhorias e adaptações às necessidades dos estudantes.

umpontocinco
O ensino de PL2 para refugiados e expatriados

Nesta seção, abordaremos duas demandas atuais e relativamente específicas de cursos de PL2: o ensino para refugiados e apátridas e para expatriados que saem de seus países por razões profissionais. Questões que dizem respeito a relações laborais e de adaptação ao novo local de residência estão diretamente ligadas às necessidades desses alunos, e as aulas de língua são fortemente influenciadas por essas temáticas.

Em um primeiro momento, quando alguém chega a um país para nele residir, seja por um período curto, seja para ficar por tempo indeterminado, é essencial que faça uma nova documentação, como o Cadastro de Pessoas Físicas (CPF), por exemplo, no Brasil. Os imigrantes deparam-se com necessidades como encontrar um local para morar, procurar trabalho (no caso dos refugiados) e conhecer o funcionamento do sistema de transporte público, entre outras. Os problemas enfrentados envolvem, inicialmente, questões básicas de sobrevivência e, pouco a pouco, transformam-se e passam a exigir conhecimentos socioculturais e sócio-históricos, por exemplo.

Diante dessas demandas, os refugiados precisam ser orientados a como se estabelecerem na nova comunidade. De acordo com Grosso (2010), o ensino de língua de acolhimento deve estar voltado para a ação e, sobretudo, para um saber fazer relacionado à interação social. Essa realidade está direcionada ao público adulto. Já para os filhos dos migrantes, que geralmente ingressam na escola pública, é necessário desenvolver um trabalho específico, pois eles precisam de prática de conversação e de reconhecimento do registro oral, que ainda não dominam, ao contrário das crianças nativas, que, aos 5 ou 6 anos, comunicam-se fluentemente.

Vamos, agora, analisar uma atividade aplicada a estudantes migrantes do programa Português Brasileiro para Migração Humanitária (PBMIH), desenvolvido por professores voluntários.

Figura A – Atividade para alunos iniciantes sobre o tema *documentação**

1. Que documentos são estes? Relacione a imagem com a explicação sobre cada um.

I.

II.

III.

IV.

V.

VI.

Alia Images/Shutterstock
RODRIGO Bellizzi/Shutterstock
Komkrit Noenpoempisut/Shutterstock

( ) Carteira de Identidade – Documento de identificação individual.
( ) Passaporte – Documento para viajar de um país para o outro.
( ) Carteira Nacional de Habilitação – Licença para dirigir.
( ) Carteira de Trabalho – Documento para registrar informações sobre a vida profissional.

---

* Atividade elaborada pela autora deste livro e disponibilizada para ser utilizada pelo projeto Português Brasileiro para Migração Humanitária (PBMIH). *Site* do projeto: <www.migracoes.ufpr.br>.

( ) Cadastro de Pessoas Físicas – Registro de contribuintes da Secretaria da Receita Federal do Brasil.

( ) Título Eleitoral – Documento para poder votar.

Conversando sobre o tema

1. Quais documentos você tem?
2. No seu país, quais documentos normalmente as pessoas devem ter?
3. Quais documentos têm foto?

A atividade inicia-se com uma pergunta e solicita que os alunos associem as imagens às suas explicações. Alguns documentos os estudantes já possuem e provavelmente conseguirão identificá-los. Já em relação aos demais, eles precisarão de ajuda ou poderão fazer associação com as palavras apresentadas nas imagens. Na sequência da atividade, são feitas perguntas que visam iniciar uma conversa sobre o tema.

Se professores e alunos não tiverem uma língua de contato, o desenvolvimento das primeiras aulas certamente será mais lento. Nessas condições, o fato de haver no mesmo grupo pessoas com diferentes níveis de conhecimento do idioma local poderá contribuir para que a aprendizagem se constitua de forma colaborativa. Assim, os colegas que conhecem algumas expressões e um pouco do vocabulário podem ajudar os que são muito iniciantes.

A seguir, apresentamos alguns temas que são bastante explorados nas aulas de acolhimento.

> **Temas frequentes nas aulas de português como língua de acolhimento**
>
> + documentação;
> + leis, direitos e deveres;
> + sistema bancário;
> + práticas comerciais;
> + profissões e relações profissionais;
> + empreendedorismo;
> + despesas mensais;
> + sistema de saúde;
> + cuidados com a saúde;
> + lazer;
> + mobilidade urbana;
> + história e conhecimentos culturais.

Embora também tenham algumas necessidades de aprendizagem semelhantes às que citamos, os expatriados costumam receber apoio das empresas nas quais trabalham. Geralmente são funcionários que atuam temporariamente em países com os quais seus empregadores mantêm relações comerciais. Eles também precisam conhecer as leis do país, principalmente as laborais, os direitos e os deveres dos cidadãos, tanto de nativos quanto de estrangeiros, e o funcionamento dos sistemas de saúde, de transporte, político e educacional, entre outros.

O perfil dos alunos deve ser cuidadosamente estudado antes e durante o planejamento das aulas. Quanto mais informações sobre as necessidades e os interesses dos estudantes, haverá mais possibilidades de explorar assuntos que lhes sejam úteis e, com isso, tornar os encontros momentos importantes de conhecimento. Algumas perguntas podem ajudar os professores a planejar as aulas em relação à escolha dos temas a serem abordados. Vejamos algumas:

- Que temas já foram trabalhados?
- Que outros temas ou subtemas podem ser úteis e interessantes?
- Que vocabulário pode ser explorado ao trabalhar com determinados temas?
- Como posso desenvolver atividades que explorem recursos linguísticos utilizando textos e vídeos?
- Que temas podem ser subdivididos e trabalhados em várias aulas?
- Que temas podem ser retomados em momentos diferentes do aprendizado?
- Que temas não necessitam ser retomados?
- Que temas são mais complexos e precisam de um nível maior de proficiência linguística para serem abordados?
- Quais temas não necessitam de aulas específicas, podendo ser tratados em brechas ou em oportunidades no meio de outros assuntos?
- O que funciona melhor com determinados alunos ou grupos?

Síntese

Neste capítulo, refletimos sobre as diversas nomenclaturas atribuídas ao ensino de PLE e PL2. Vimos que os estudos em linguística aplicada encontraram especificidades nessa área e sugeriram novos olhares e percepções que trouxeram avanços e maior adequação ao trabalho. No decorrer do texto, fizemos algumas sugestões e observações. Procuramos fornecer exemplos práticos para dar uma visão geral aos que nunca lecionaram essas modalidades de ensino de línguas e contribuir com ideias que possam complementar ou diversificar a prática de ensino de quem já trabalha na área.

Frisamos a importância de os professores conhecerem outros idiomas ou pelo menos vivenciarem situações de aprendizagem de línguas, entre elas as distantes do português. A leitura de livros sobre experiências culturais em outros países também é muito bem-vinda para quem pretende trabalhar com estrangeiros. Isso contribuirá para uma visão mais ampla sobre outros países e outras culturas.

A formação de professores é um trabalho contínuo que exige empenho e dedicação. Somente dessa forma eles podem se atualizarem e se reinventarem, para oferecer o melhor aos seus alunos. Quanto mais conhecimento tiverem sobre a língua, a cultura, as vivências e as aspirações dos estudantes, mais chances terão de ajudá-los e de perceber diferentes modos de ver o mundo.

Indicações culturais

Documentário

SOMOS todos migrantes. Direção: Giulianna Gaspareto. Brasil, 2016. 24 min. Disponível em: <www.youtube.com/watch?v=0PlAkrtaFEY>. Acesso em: 26 out. 2018.

Essa produção apresenta depoimentos de alunos do curso de português para migrantes do programa Português Brasileiro para Migração Humanitária (PBMIH).

Livros

BRIDI, S. **Laowai**: histórias de uma repórter brasileira na China. Florianópolis: Letras Brasileiras, 2008.

A palavra *laowai*, em mandarim (uma língua chinesa), significa "estrangeiro". O livro trata das vivências de uma família brasileira na China.

GROLLA, E.; SILVA, M. C. F. **Aquisição da linguagem**. São Paulo: Contexto, 2014. (Coleção Para Conhecer).

O livro traz informações importantes sobre a aquisição da linguagem.

Atividades de autoavaliação

1. Temos percebido um número crescente de novas nomenclaturas que se referem às especificidades do ensino de línguas. Expressões como língua de acolhimento e língua de herança são alternativas que destacam principalmente as características do público-alvo e, com isso, chamam a atenção para a adequação das práticas de ensino.

Sobre as nomenclaturas de PLE e PL2, analise as afirmativas a seguir e marque V para as verdadeiras e F para as falsas.

(   ) A expressão *segunda língua* geralmente é utilizada em referência ao ensino de uma língua em espaços nos quais ela é oficial e usada em várias relações sociais.

(   ) A expressão *língua estrangeira* apresenta-se como uma alternativa mais abrangente e leva em conta o fato de que, ao aprender uma nova língua, os alunos desenvolvem um novo modo de se comunicar e ampliam seu repertório linguístico.

(   ) A expressão *segunda língua* pode ser utilizada para designar o ensino de português para falantes de línguas indígenas e libras.

(   ) A expressão *língua de acolhimento* faz referência ao ensino que procura possibilitar a integração dos alunos à sociedade considerando sua situação vulnerável.

Assinale a alternativa que corresponde à sequência correta:

a. V, V, F, V.
b. F, V, V, V.
c. V, F, V, V.
d. V, V, V, F.

2. Quando se ensina língua materna para estrangeiros em um contexto de imersão, logo se percebe que diminui a quantidade de conhecimentos compartilhados entre professor e alunos sobre questões socioculturais, por exemplo. Nesse caso, os alunos acabaram de chegar ou estão no país há pouco tempo, e isso restringe a possibilidade de dar exemplos e explicações usando elementos

de conhecimento de todos. Esse é um dos aspectos que difere as práticas de ensino de língua materna e de língua estrangeira.

Relacione essas duas modalidades de ensino às suas situações de ensino-aprendizagem que revelam outros aspectos divergentes:

1. Língua materna.
2. Língua estrangeira.

( ) Alguns alunos podem apresentar resistência a aprender pelo receio de perda de identidade.

( ) Aprendemos essa língua durante a infância de modo natural e a utilizamos para falar com as pessoas com as quais convivemos no meio familiar e social.

( ) Geralmente, oferece condições favoráveis para o desenvolvimento das habilidades orais, como pronúncia e entonação.

( ) Os alunos normalmente já dominam a escrita, mas precisam conhecer a fonética e a fonologia dessa língua.

Assinale a alternativa que corresponde à sequência correta:

a. 2, 2, 1, 2.
b. 2, 1, 1, 2.
c. 1, 2, 1, 2.
d. 1, 1, 1, 2.

3. O ensino *on-line* de línguas vem sendo favorecido pelas novas ferramentas tecnológicas, que propiciam o desenvolvimento de atividades variadas e permitem a interação entre os alunos e seus tutores.

Analise as afirmativas a seguir e marque V para as verdadeiras e F para as falsas.

(   ) As atividades em ambiente virtual podem ser síncronas (de forma simultânea entre os participantes) ou assíncronas (de forma não simultânea).

(   ) Um dos grandes desafios para o ensino *on-line* de línguas é o desenvolvimento de atividades de interação que possibilitem as práticas de leitura e de produção de textos escritos.

(   ) O acesso frequente das pessoas às tecnologias digitais contribui para a familiarização com as ferramentas utilizadas em cursos de línguas a distância.

(   ) A reconfiguração das relações professor-aluno e aluno-aluno nos cursos *on-line* é um fator que impossibilita a interação e a integração dos participantes

Assinale a alternativa que corresponde à sequência correta:

a. V, F, F, V.
b. V, F, F, F.
c. V, V, F, F.
d. V, F, V, F.

4. A análise do perfil dos alunos contribui para a identificação de suas necessidades e de seus interesses. Com base nessa análise, o planejamento de aulas poderá contribuir mais eficientemente para a aprendizagem. Sobre como identificar qual é o perfil dos alunos, analise as afirmativas a seguir e marque V para as verdadeuras e F para as falsas.

(   ) Por meio de uma pesquisa, é possível definir o perfil dos alunos considerando aspectos como quantas línguas eles falam; quanto tempo têm disponível para estudar e fazer tarefas durante a semana; por que é importante para eles aprender português; que experiências já tiveram com a língua portuguesa, entre outros.

( ) Um dos objetivos dos professores deve ser criar uma atmosfera de interação e colaboração entre os alunos para favorecer a aprendizagem em grupos multiculturais.

( ) Uma aula é uma situação semelhante a um encontro informal em que professor e aluno podem conversar apenas sobre questões corriqueiras, e assim se dá todo processo de ensino-aprendizagem.

( ) O professor deve identificar características relacionadas a experiências pessoais dos alunos ligadas às condições de exposição à língua estudada e à necessidade de comunicar-se no dia a dia. Isso contribuirá para a escolha dos textos a para a elaboração das atividades.

Assinale a alternativa correspondente à sequência correta:

a. V, F, F, V.
b. V, V, F, V.
c. F, F, F, V.
d. V, F, V, F.

5. A necessidade de procurar lugares que ofereçam melhores condições de vida leva muitas pessoas a deixar sua terra natal. Quem passa por situações como essa enfrenta muitos desafios, entre eles a comunicação, que se torna uma necessidade de sobrevivência.

No que se refere ao ensino de português como língua de acolhimento, analise as afirmativas a seguir e marque V para as verdadeiras e F para as falsas.

(   ) O ensino de língua de acolhimento compreende toda e qualquer atividade de ensino voltada a estudantes estrangeiros.

(   ) O ensino de língua de acolhimento envolve práticas voltadas a orientações diversas que extrapolam as necessidades comunicativas, embora também sejam importantes. Essa realidade de ensino diz respeito a questões delicadas, como traumas, dificuldades financeiras, instabilidade emocional e situações de preconceito.

(   ) Nas aulas de língua de acolhimento, são priorizadas atividades de atendimento e auxílio a pessoas que vêm trabalhar em empresas estrangeiras, em sua maioria, multinacionais. O planejamento das aulas gira em torno da aprendizagem de estruturas gramaticais.

(   ) As necessidades mais urgentes devem ser prioridades para o planejamento das aulas de português como língua de acolhimento. Os assuntos precisam dar conta de situações relacionadas a documentação, moradia, trabalho, mobilidade e relações pessoais, por exemplo.

Assinale a alternativa que corresponde à sequência correta:

a. V, V, F, V.
b. F, F, V, V.
c. F, V, F, V.
d. V, F, V, V.

Atividades de aprendizagem

Questões para reflexão

1. Você concorda com a existência de diferentes nomenclaturas para o ensino de português como língua não materna? Poderão ocorrer eventuais problemas em razão dessa variedade? Com quais das especialidades você se identifica? Qual delas você gostaria de conhecer melhor e/ou ensinar?

2. Quais situações podem identificar o ensino de línguas em imersão e em não imersão?

Atividades aplicadas: prática

1. Elabore uma lista com seis temas destinados às aulas de português para estudantes intercambistas no Brasil, isto é, pessoas que passam um período no país para estudar em uma universidade brasileira. Esse período normalmente varia de 3 meses a 1 ano. Por exemplo: dicas de turismo, tipos de restaurantes etc.

2. Elabore uma lista com seis temas destinados às aulas de português como língua estrangeira para estudantes que não moram no Brasil ou em outro país lusófono.

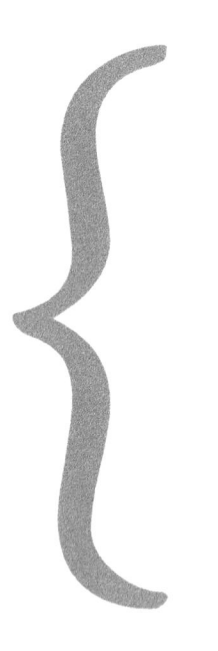

{

um	Aquisição de língua estrangeira: reflexões sobre o ensino-aprendizagem de PLE e PL2
# dois	**Abordagens metodológicas para o ensino de PLE e PL2**
três	Diversidade cultural e linguística nas aulas de PLE e PL2
quatro	Efeitos retroativos do exame Celpe-Bras no ensino de PLE e PL2 e na organização de cursos e programas
cinco	Planejamento e elaboração de cursos e aulas de PLE e PL2
seis	Variação linguística e ensino de PLE e PL2

{

❡ NO CAPÍTULO ANTERIOR, fizemos uma introdução sobre várias modalidades de ensino de português língua estrangeira (PLE) e português segunda língua (PL2). Agora, ampliaremos nosso olhar para conceitos relacionados ao ensino de línguas em geral, mas que também servem de embasamento para a área do português para estrangeiros.

A observação das abordagens metodológicas ou das concepções de ensino em geral será feita com o intuito de fornecer um panorama sobre os principais preceitos teóricos que constituíram a linguística como ciência e influenciaram o processo de ensino-aprendizagem de línguas. Vamos nos aventurar por um mundo teórico, porém sem perder de vista as práticas de ensino e a conexão entre teoria e prática.

Dessa forma, entraremos em um "túnel do tempo" para analisar como diferentes pesquisadores, em épocas distintas, descreveram e interpretaram a linguagem. Esse exercício de observação considera nosso objeto de análise no decorrer do tempo, suas mudanças e seus propósitos ou finalidades.

Conforme Marcuschi (2000), os estudos da linguagem podem ser divididos em três fases: pré-estruturalismo, estruturalismo e pós-estruturalismo. Essa divisão tem finalidade didática, o que significa que as abordagens não aconteceram rigorosamente nessa sequência.

Por fim, situaremos os estudos da linguagem considerando as visões de língua que as várias abordagens seguiram. Isso quer dizer que o conceito de língua compartilhado pelos estudiosos definiu a direção para o desenvolvimento da linha de pensamento e, consequentemente, do tratamento descrito.

doispontoum
Concepções de língua e práticas de ensino

No Capítulo 1, vimos diferentes nomenclaturas relacionadas ao ensino de português como língua não materna. Elas estão ligadas sobretudo às especificidades do perfil dos alunos. Agora, refletiremos sobre vários estudos realizados no campo da linguagem e como cada um deles se caracteriza por correntes de análises e de compreensões de língua. Iniciaremos com uma lista de concepções, baseada em Marcuschi (2000), que foram proeminentes para os estudos da linguagem nos séculos XIX e XX, conforme o Quadro 2.1.

Quadro 2.1 – Concepções de língua

Concepções de língua	Período de maior desenvolvimento
a. Língua como identidade e constituição da cultura de um povo.	Segunda metade do século XIX.
b. Língua como sistema de regras.	Do início do século XX até os anos 1960/1970.
c. Língua como um conjunto de hábitos a serem automatizados.	Dos anos 1940 em diante.
d. Língua como capacidade inata da espécie humana.	De 1957 em diante.
e. Língua como fato social.	Dos anos 1960 em diante.
f. Língua como forma de ação.	
g. Língua como interação e texto como unidade linguística.	
h. Língua como recurso dinâmico para a criação de significados.	

FONTE: Elaborado com base em Marcuschi, 2000.

No Quadro 2.1, adotamos tons *dégradé* para as concepções de língua com o intuito de relacioná-las a diferentes fases: a de tom mais claro ("a") refere-se ao pré-estruturalismo; as de tom intermediário ("b", "c" e "d"), ao estruturalismo ou a concepções formais; e as de tom mais escuro ("e" em diante), à fase pós-estruturalista. Procuramos também situá-las quanto ao período de maior influência ou de desenvolvimento de cada concepção.

Especificaremos, no decorrer deste capítulo, cada uma dessas linhas de pensamento e as posicionaremos quanto às correntes teóricas às quais estão vinculadas. Em seguida, faremos algumas observações relacionadas aos estudos teóricos e às práticas de ensino da fase pré-estruturalista.

Durante muito tempo, as práticas de ensino estiveram distanciadas dos estudos teóricos ou estes só chegavam ao acesso de grande parte dos professores muito lentamente. Há que se considerar, ainda, a ausência de meios de comunicação eficientes e a falta de universidades, tanto no Brasil quanto em outros países do mundo. Atualmente, vivemos uma realidade muito diferente, e diversos estudos científicos são publicados em inúmeras revistas especializadas, o que permite que tenhamos acesso a novos estudos e tecnologias.

O nascimento da linguística é atribuído à apresentação de estudos feitos por William Jones, ainda no século XVIII (1786). Suas observações mostravam as semelhanças entre as línguas, e o autor defendia que elas não ocorriam por acaso. Segundo ele, o sânscrito, o latim, o grego e o persa compartilhavam de uma mesma origem que viria a ser o indo-europeu. A tese de Jones impulsionou muitas produções na área, mas a linguística ainda não era considerada uma ciência. Os estudos da linguagem ganhavam força por conta das pesquisas de gramática comparada, cujo objetivo era estudar fenômenos linguísticos e relacioná-los entre as línguas.

Segundo Soares (1998, citado por Marcuschi, 2000), os estudos da linguagem, nas escolas, eram realizados em disciplinas chamadas *Gramática, Retórica* e *Poética*. No Brasil, a disciplina de Português ou Língua Portuguesa só passou a existir nas escolas no fim do século XIX. Vale ressaltar que, para a maior parte dos alunos o ensino de línguas restringia-se à alfabetização. O estudo de latim, entre outras disciplinas, era basicamente realizado por meio de estratégias que envolviam memorização de regras e suas exceções, aprendizado da conjugação verbal, elaboração de listas de palavras e prática da tradução de textos. Era o chamado *método da gramática e tradução*, que se desenvolvia visando à construção automática das regras gramaticais com base na repetição e na reconstrução de frases. Essa metodologia foi desenvolvida no fim do século XIX e impactou as práticas de ensino durante muito tempo.

No século XIX, destacaram-se os estudos teóricos de Wilhelm von Humboldt, nas pesquisas que estamos chamando de *pré-estruturalistas*. Para esse estudioso, "a língua não era entendida apenas como a manifestação externa do pensamento (algo que vem depois do pensamento), mas aquilo que o torna possível" (Faraco, 2011, p. 44). Assim, a linguagem e o pensamento são vistos como uma unidade. Esse conceito defende que a língua tem caráter constitutivo e possibilita os atos criativos da mente.

Humboldt afirmava que a língua era um processo que se transformava continuamente e continha o conhecimento transmitido pelas gerações que faziam parte de determinada cultura ou de um povo. Esse pensamento predominou em uma época na qual vários idiomas da Europa estavam se configurando como representantes de alguma nação. Assim, a língua era vista como identidade e como constituição da cultura de um povo. Essa percepção fortalece a ideia de que se deve aprender uma modalidade culta ou norma padrão, tendo como referência os principais autores de textos literários.

Na próxima seção, exploraremos a concepção de língua como sistema de regras e como capacidade inata da espécie humana e, na Seção 2.3, refletiremos sobre a contribuição de concepções ligadas ao uso do idioma em situações sociais e em atividades discursivas.

doispontodois
Perspectiva estruturalista

A perspectiva estruturalista, uma das mais importantes correntes da linguística, envolve estudos teóricos que a formalizaram como ciência. O professor suíço Ferdinand de Saussure faleceu em 1913 e, em 1916, dois de seus ex-alunos, Albert Sechehaye e Charles Bally, publicaram o livro *Cours de linguistique générale* (Curso de linguística geral) com a compilação das anotações feitas por estudantes de cursos ministrados por Saussure. A obra causou furor nos estudos da linguagem. É possível que os alunos tenham dado certa simplificação à teoria, mas também é provável que isso tenha contribuído para o grande sucesso da publicação. Inúmeros estudos foram realizados com base teórica no estruturalismo saussureano e a importância científica da obra do autor levou a linguística a ser considerada uma ciência independente. Isso contribuiu para que pesquisadores da área passassem a ser chamados de *linguistas* e tivessem maior autonomia e prestígio.

Todas as ciências assim se conceberam por terem estudado seus objetos de pesquisa minuciosamente ou em seus elementos mínimos. Vejamos, por exemplo, a biologia. Sabemos que é uma ciência que estuda as plantas e os animais e que uma de suas práticas descritivas é a análise das células que constituem esses seres. Do mesmo modo que um biólogo explica detalhadamente seu objeto de pesquisa, um linguista estruturalista busca informações que envolvem a descrição dos sistemas ou da estrutura das línguas e, para isso, examina suas particularidades.

Os estudos de Saussure representaram uma grande inovação porque definiram um programa de investigação, conforme descrito por Ilari e Basso (2011), suficientemente convincente para o estudo da linguagem. Nessa visão, prioriza-se a concepção de língua como forma ou sistema e sua análise ocorre de modo sincrônico, ou seja, considerando o objeto de estudo no presente, sem olhar para suas transformações no decorrer de certo tempo, como é feito nos exames diacrônicos.

Mas no que consistem os estudos estruturalistas? Vamos, sucintamente, apresentar alguns pontos sobre isso. A identificação de pares mínimos e a observação de sua pertinência ou relevância para determinada língua podem nos ajudar.

Par mínimo significa encontrar "um contexto (ou, como também se diz, um 'ambiente') linguístico mínimo em que uma diferença de forma corresponde a uma diferença de função" (Ilari;

Basso, 2011, p. 60). Um exemplo de par mínimo é *bela* e *vela*. Apenas uma letra muda, mas os significados das palavras são completamente diferentes. Esse par mínimo indica que o uso dos fonemas /b/ e /v/ é pertinente em português, porém sabemos que na língua espanhola esse uso não é pertinente ou não é relevante, pois não há contraste entre esses dois fonemas.

Outros estudos marcadamente estruturalistas são as dicotomias, ou seja, a distinção em duas partes para um mesmo elemento. A mais importante distinção saussureana é entre *língua* e *fala* (*langue* e *parole*), em que *língua* refere-se ao sistema e *fala* aos possíveis usos do sistema. O autor defendia que o objeto de pesquisa linguística se constituiria das regras do jogo ou das combinações possíveis para a constituição do sistema. Seu olhar era invariavelmente voltado ao sistema ou à estrutura da língua, por isso, o termo *estruturalismo*.

É inegável que essas análises trouxeram grande avanço para a ciência da linguagem, sobretudo para a fonética e a fonologia, e contribuíram para as práticas de ensino, em especial de língua materna. Inúmeros estudos linguísticos foram desenvolvidos em diferentes línguas, motivados por essa perspectiva de análise. No entanto, essa contribuição trouxe a sistematização de estruturas como uma prática recorrente nas metodologias de ensino, seguindo a mesma tendência dos estudos teóricos, mas sem efetivamente elaborá-las ou adaptá-las à realidade de ensino e às suas necessidades. O estruturalismo tinha como propósito desenvolver estudos teóricos e, principalmente, descritivos e de análise. Esse era o ideal das ciências humanas na época, marcadas pelo positivismo*. A grande contribuição do estruturalismo é a valorização da pesquisa científica das línguas, sem excluir aquelas menos prestigiadas e as normas vernáculas ou não padrão. Os estudos linguísticos não se restringem a analisar fenômenos somente em línguas consideradas mais importantes, mas contemplam todas elas.

Sabemos que, frequentemente, no ensino de línguas, questões que exploram estruturas linguísticas, como conjugação de verbos, concordância verbal e nominal e uso adequado de preposições, por exemplo, são chamados de *exercícios estruturais*. Normalmente, são atividades de completar lacunas e reescrever frases seguindo um modelo. Esse tipo de exercício teve seu desenvolvimento influenciado enormemente pela psicologia behaviorista, que visava à aprendizagem pela automatização. Por isso, vamos explorar um pouco essa linha de estudos aplicados ao ensino de línguas.

O behaviorismo é um método de investigação psicológica que valoriza o estímulo e a resposta sem passar pela análise crítica ou pelo entendimento introspectivo. No início do século XX, dois importantes métodos de ensino, principalmente para línguas estrangeiras, defendiam a imitação e a repetição como estratégias viáveis para o desenvolvimento de práticas de ensino. São os chamados métodos *audiolingual* e *audiovisual*, em que os alunos tinham de reproduzir estruturas como modelos prontos.

---

* O positivismo é uma corrente de estudos que identifica as pesquisas científicas como o ideal de entendimento das coisas no mundo. Seguindo essa linha de pensamento, as pesquisas científicas permitem o avanço e o desenvolvimento da humanidade.

A aprendizagem, portanto, era vista como um sistema de estímulo-resposta baseado na criação de hábitos por meio do reforço positivo que levava à automatização. Essa é a concepção de língua como um conjunto de hábitos.

Um exemplo de exercício audiolingual consiste em fazer os alunos ouvirem áudios de um falante nativo dizendo algumas frases ou uma representação de diálogo entre duas pessoas; depois, eles devem repetir algumas vezes o que ouviram e então observar o texto escrito e novamente repeti-lo. Normalmente, são exercícios que exploram alguma sentença apresentada.

> ### Exemplo de exercício audiolingual
> Repita as frases substituindo o que está destacado:
> a. Do you like soccer?
> b. .... handball?
> c. .... basketball?
> d. .... tennis?

Esses exercícios visavam à automatização, o que favorece a aprendizagem de vocabulário e as práticas de pronúncia e entonação, mas não prepara os alunos para comunicarem-se em diferentes contextos e entenderem conteúdos novos em situações diversas. Outro ponto a ressaltar é a não aceitação do erro. Espera-se uma fala muito próxima à de nativos e o erro é visto como um desvio, e não como parte do processo de aprendizagem.

A coincidência entre a exploração de estruturas linguísticas e a época de desenvolvimento das teorias estruturalista e behaviorista levou a algumas generalizações entre elas. Por essa razão, um sentido bastante negativo é atribuído ao estruturalismo, porém ele não está ligado a essa linha de pensamento.

Nesta seção, apresentamos algumas informações para ilustrar um período importante do ensino de línguas, marcado pelos estudos das estruturas e do sistema linguístico. Ainda hoje, essa abordagem é muito utilizada em alguns países. Grande parte dos alunos interessados em aprender português, mesmo os mais jovens, tiveram uma educação mais formal. Queremos dizer por *formal* um estudo que valoriza a aprendizagem do sistema linguístico e do funcionamento da gramática da língua. Muitos alunos de PLE e PL2 entendem que aprender uma língua, entre outras práticas, significa exercitar insistentemente suas estruturas gramaticais. Tudo isso pode estabelecer certo estranhamento com abordagens de ensino mais voltadas à prática de uso da língua em situações reais de comunicação e às atividades interculturais, as quais veremos nas próximas seções. Para concluir, propomos uma questão: Como o professor deveria reagir diante da insistência de alunos para receber exercícios de sistematização que explorassem estruturas gramaticais?

doispontotrês
Perspectiva pós-estruturalista

Definimos essa perspectiva como *pós-estruturalista* apenas por uma questão de organização e para facilitar o entendimento das abordagens. Elas envolvem diversas linhas de pensamento e distintos objetos de estudo e têm em comum o período em que foram estudadas – da segunda metade do século XX até nossos dias. Além disso, têm o olhar voltado às relações sociais e ao modo como a linguagem se desenvolve socialmente.

Os estudos no campo da interação e das relações dialógicas tiveram início nas primeiras décadas do século XX, porém o acesso a essas obras, na Europa e nas Américas, só foi possível mais tarde. É o caso dos estudos sociointeracionistas propostos por Lev Vigotsky (1984) e das pesquisas de Mikhail Bakhtin (2011, originalmente publicadas em 1959), referentes à visão dialógica da linguagem.

Vejamos, a seguir, algumas das abordagens que mais influenciaram o ensino de línguas recentemente: a visão comunicativa e as análises da linguística textual.

2.3.1 Influência da abordagem comunicativa

Os anos 1960 e 1970 foram especialmente ricos para os estudos linguísticos. Importantes trabalhos foram publicados em novas áreas, como a sociolinguística, a pragmática e a psicolinguística. Surgiram, então, concepções de língua como fenômeno social e como forma de ação. Pesquisas sobre variação linguística passaram a incentivar o entendimento da língua não como algo pronto e acabado e valorizaram a análise das variedades não padrão e não cultas. A sociolinguística direcionou os estudos e as práticas metodológicas para elementos exteriores que compõem a linguagem, como a relação entre locutor e interlocutor e seu contexto de realização.

Em 1972, Dell Hymes contribuiu decisivamente para a valorização da abordagem comunicativa quando definiu como foco de análise a comunicação efetiva em situações reais. Segundo o autor, o falante desenvolve tanto o conhecimento sobre a língua quanto a habilidade de usá-la. A abordagem comunicativa caracteriza-se pelo foco no significado e na interação entre os falantes. Com essa abordagem, o estudo das estruturas linguísticas tem menos importância, sendo priorizada a comunicação e a cultura.

Os construtos teóricos da abordagem comunicativa foram (e continuam sendo) largamente aplicados nas práticas de ensino de língua estrangeira e segunda língua e proporcionaram o desenvolvimento de muitos estudos e da criação de metodologias voltadas ao que se convencionou chamar de *língua em uso*.

Como o conceito de competência comunicativa é especialmente importante para a abordagem e para o processo de ensino-aprendizagem, apresentamos a seguir a explicação das diferentes competências que envolvem a comunicação, conforme descrito por Canale e Swain (1980, citados por Bressan, 2002, p. 11, grifo do original):

> A **competência gramatical** *diz respeito ao domínio do código linguístico, que compreende o conhecimento de vocabulário, regras de pronúncia, formação de palavras e estruturas das sentenças.* A **competência sociolinguística** *refere-se à compreensão do contexto social em que se dá a comunicação. Assim, fatores como tópico, papel dos participantes e contexto são importantes para determinar as atitudes do falante e as escolhas de estilo*

e registro. Por **competência discursiva**, compreende-se a habilidade de combinar informações que sejam coesas quanto ao plano da forma e coerentes quanto ao plano das ideias. E como último elemento, a **competência estratégica**, que implica o uso de estratégias comunicativas verbais ou não verbais com a finalidade de compensar as lacunas existentes em relação ao conhecimento do código linguístico do usuário da língua ou de compensar quebras na comunicação em função de fatores ligados ao desempenho.

No início da década de 1960, a pragmática[*] destacou-se com os estudos relacionados à linguagem em uso em diferentes contextos, assim como ocorre em situações reais de comunicação. Destacamos a teoria dos atos de fala de Austin (1962), que trata da relação entre os participantes do ato comunicativo.

Percebem-se nesses estudos uma concepção de língua bastante distinta daquela apresentada por formalistas como Saussure e, a partir de 1957, Noam Chomsky. Esse autor desenvolveu a teoria gerativa, a qual defende a ideia de que a linguagem é uma capacidade inata dos seres humanos. Segundo o gerativismo, nascemos com a possibilidade de falar e existem princípios da linguagem que são universais; além disso, ela é dotada de parâmetros que determinam a variação entre as línguas. Tal teoria vem se desenvolvendo com estudos ligados à biologia e é considerada uma das mais fortes e convincentes explicações sobre as características

---

[*] Ramo da linguística que analisa a linguagem pelo seu contexto comunicacional.

da linguagem. Portanto, para essa linha de estudos, a concepção de língua está ligada à capacidade inata da espécie humana.

As pesquisas gerativistas apresentam muito mais aceitação no campo teórico do que no aplicado ao ensino. Nessa última área, a abordagem comunicativa predominou nas últimas décadas do século XX, e as que exploram o texto e a interculturalidade predominam no início do século XXI.

Assim como a unidade frasal foi muito explorada nas práticas de ensino durante boa parte do século passado, o texto, atualmente, vem se destacando como o elemento essencial em torno do qual se desenvolvem as várias propostas de aprendizagem de línguas. Na próxima seção, concentraremos nossos estudos na linguística textual e em suas influências no ensino.

2.3.2 Influência de estudos teóricos relacionados ao texto

A linguística textual surgiu na Europa em meados dos anos 1960 e, aproximadamente duas décadas mais tarde, começou a haver, nas práticas de ensino, uma significativa mudança envolvendo o trabalho com textos. Essa alteração exerceu forte impacto no modo como os professores planejam suas aulas e, também, na elaboração de materiais didáticos. Pode-se perceber que a aceitação de textos como elementos de partida e desenvolvimento de atividades no ensino de línguas tomou uma dimensão relevante a ponto de direcionar essas práticas e substituir as atividades de análise linguística ou gramatical. Trata-se da concepção de língua como interação e de texto como unidade linguística.

Mas o que podemos entender pela palavra *texto* nessa perspectiva? Vejamos um conceito apresentado por Oliveira (2015, p. 193-194):

> o conceito de texto se refere a uma unidade linguística de sentido e de forma, falada ou escrita, de extensão variável, dotada de "textualidade", ou seja, de um conjunto de propriedades que lhe conferem a condição de ser compreendido pela comunidade linguística como um texto. Assim, podemos dizer que o texto é a unidade comunicativa básica, aquilo que as pessoas têm a declarar umas às outras. Essa declaração pode ser um pedido, um relato, uma opinião, uma prece, enfim, as mais diversas formas de comunicação.

Assim, os textos não são apenas uma representação escrita com começo, meio e fim, mas um conjunto de informações que constituem uma forma de expressão e de interação. Podem ser verbais (escritos e orais) e não verbais (uma imagem, um desenho etc.). Esse novo olhar trouxe grande diversificação ao processo de ensino-aprendizagem, que passou a valorizar as atividades de leitura, compreensão e produção textuais. O direcionamento para o ensino tendo por base o texto visa explorar e analisar como ele se constitui e se caracteriza e como se dá seu funcionamento e sua produção em situações diversas de comunicação.

Inúmeros estudos foram desenvolvidos tendo como objeto de análise os textos. Diferentes correntes teóricas forneceram reflexões que envolvem a descrição de situações de enunciação (discursivas) e o exame da materialização dos textos (textuais).

Esses estudos teóricos influenciaram a constituição do que chamamos de *gêneros textuais*. Rojo (2005, p. 185) comenta que

> *embora trabalhos adotassem vias metodológicas diversas para o tratamento dos gêneros – uns mais centrados na descrição das situações de enunciação em seus aspectos sócio-históricos; outros, sobre a descrição da composição e da materialidade linguística dos textos no gênero –, todos acabavam por fazer descrições de "gêneros", de enunciados ou de textos pertencentes ao gênero. Entretanto, para fazê-lo, adotavam também procedimentos diversos e logo recorriam a diferentes autores e conceitos para a seleção de suas categorias de análise.*

A palavra *gênero* é utilizada nesse contexto para destacar que os textos apresentam-se com diferentes características e podem ser narrativos, descritivos, argumentativos e injuntivos (como pedidos, ordens, conselhos etc.).

Se observarmos materiais didáticos de ensino de língua materna e de língua estrangeira, encontraremos muitos textos e atividades que exploram tanto características discursivas quanto linguísticas. Como se trata de um elemento de grande importância para o ensino de PLE e PL2, seguiremos abordando a exploração de textos nas aulas de língua. Por isso, vamos refletir sobre duas questões: como escolher textos para as aulas e como explorá-los.

Encontrar bons textos (escritos ou orais, como vídeos e áudios) exige muito tempo e sensibilidade. É um verdadeiro trabalho de garimpagem. Quanto mais informações tivermos sobre os alunos, seus níveis de proficiência e seus interesses e pudermos prever suas reações após a leitura ou a visualização do conteúdo, mais chances teremos de encontrar bons materiais.

Em geral, a escolha de um texto escrito ou de um vídeo ou áudio para compor a aula não deve ser pautada pela necessidade de explorar determinado tempo verbal ou tópico gramatical. A escolha deve estar fundamentada em critérios como a adequação do texto ao programa do curso, o interesse da temática e a qualidade e o modo de organização discursivo. Por exemplo: se o desejo é encontrar textos que falem sobre tecnologia e pretende-se trabalhar os tempos verbais do passado, podem ser escolhidos textos narrativos ou descritivos que façam comparação entre os usos da tecnologia no presente e no passado. Os textos oferecem grande quantidade de elementos linguísticos e, por isso, pode-se, primeiro, definir o texto e, depois, os tópicos gramaticais. É necessário o professor esteja atento para fornecer aos alunos bons textos e de vários gêneros, além de observar a possibilidade de eles gerarem interlocução. Segundo Santos (2014, p. 65):

> *Os textos de partida ou disparadores irão ancorar o trabalho subsequente e por isso precisam seduzir o leitor, instigando-o a uma atitude responsiva, ou seja, à interlocução. Se buscamos atitude responsiva do aluno, é necessário que ele se sinta estimulado a responder. Quanto mais familiarizado estiver com o assunto, ou seja, se ele vivencia essa realidade, mais condições terá de falar sobre esse tema. Por essa razão, as propostas de trabalho devem ser significativas para o aluno.*

Entendemos por *interlocução* a relação que ocorre entre locutor e interlocutor e na qual este se sente instigado a responder ou a comentar aquilo que leu ou escutou. Essa troca é responsável pela interação entre os participantes do ato comunicativo e, com isso, pode-se incitar o conhecimento e, consequentemente, a aprendizagem.

2.3.3 Influência da abordagem comunicativa intercultural

Nesta seção, apresentaremos uma contextualização geral sobre a abordagem comunicativa intercultural e, no próximo capítulo, abordaremos esse tema mais detalhadamente. Forneceremos, a seguir, conceitos e informações que permitirão compreender sua influência e sua pertinência para as práticas de ensino de PLE e PL2.

De acordo com Leite (2011), o termo *intercultural*, no contexto educativo, surgiu na Europa em meados dos anos 1970. Segundo a autora, posteriormente, a palavra assumiu uma conotação negativa, pois passou a ser relacionada ao contato com imigrantes que viviam em situações de marginalização em países europeus, principalmente na França. Preferiu-se, então, empregar os vocábulos *multicultural* ou *pluricultural*, os quais, porém, não davam conta de expressar a relação de troca ou contato com a diversidade cultural. Conforme Leite (2011, p. 38), eles "não contêm em si a dinâmica das relações entre culturas". Assim, passou-se a fazer uso do termo *interculturalidade*. Atualmente, temos visto trabalhos nos quais está presente a palavra *transculturalidade*, que também contém a ideia do dinamismo entre diferentes culturas.

A convivência entre pessoas provenientes de diferentes lugares no período pós-colonial (no qual muitos imigrantes chegaram à Europa a partir dos anos 1970 e 1980) levou estudiosos e educadores a refletir sobre como as relações entre elas poderiam ser mais bem estabelecidas no âmbito escolar. As atividades que envolviam essas preocupações encontraram na abordagem comunicativa a possibilidade de agregarem-se e, com isso, tornarem viáveis seus objetivos, que, de modo geral, estão relacionados a estratégias que visam promover a convivência democrática e a compreensão e o respeito entre pessoas de diferentes etnias, religiões, gêneros e classes sociais.

Quando direcionamos nosso olhar para a questão da interculturalidade no ensino de línguas, deparamos com as diferenças culturais e, com isso, divergências no modo de pensar, de viver e de estudar uma língua estrangeira. Ao se ensinar uma língua a alguém, certamente é preciso tratar de características culturais. Sobre o ensino intercultural, Paiva e Viana (2014, p. 30) dizem que

> *pensamos que por mais que se apresentem propostas de atividades as quais se pretendem interculturais nos livros didáticos, o papel do professor como mediador e ponderador das reflexões suscitadas em sala de aula, e também como problematizador do conteúdo proposto nos materiais é de fundamental importância, pois a maneira como são abordados os aspectos culturais reflete-se diretamente na percepção e construção de significados engendrados pelos aprendentes.*

Concluímos esta seção destacando a importância de reflexões que possam conscientizar os professores sobre a complexidade que envolve o ensino intercultural e acerca do esforço e da sensibilidade que ele exige. No Capítulo 3, voltaremos a tratar dessas questões.

doispontoquatro
Ensino de línguas por tarefas e pedagogia de projetos

O *ensino de línguas por tarefas* (ELT) surge na perspectiva do enfoque comunicativo e desenvolve um conjunto de procedimentos voltados a envolver os estudantes de línguas na produção de tarefas (atividades) contextualizadas e possíveis de serem aplicadas no mundo real. Os procedimentos contidos no ELT reúnem diversas práticas e reflexões teóricas desenvolvidas por experiências e estudos da linguística a partir dos anos 1980. Essa conduta contribuiu para romper com o sistema linear e acumulativo de ensino de línguas. Isso significa que a organização das atividades de ensino não deve seguir tópicos linguísticos ou gramaticais como prioridade. Há, como exemplo, muitos livros didáticos que trazem os tempos verbais como a principal forma de organização e de progressão de conteúdos. Em vez disso, o ELT desloca o olhar para situações comunicativas e explora o que deve ser feito fazer para cumprir esses propósitos. Vejamos um exemplo de tarefa para praticar a oralidade.

> **Cursos e Oficinas**
>
> [Centro de Criatividade] DANÇA DE SALÃO
> Curso permanente
> Data(s): 01/02/2018 a 15/12/2018 – 2ª feira
> Valor: R$110 (por dupla) | R$75 (individual)
> Classificação: a partir de 14 anos
> Professor/Orientador: Professor Maykon Correa
>
> FONTE: FCC, 2018.
>
> Tarefa de produção oral:
> 1. Ligue para o número de telefone para contato indicado no texto e certifique-se quanto à oferta do curso. Pergunte se é possível participar dele e quais são os horários e o local de realização das atividades. Antes de telefonar, pense no que você vai falar: simule a conversa por telefone e faça uma lista de expressões que podem ser úteis.

A tarefa apresentada faz parte de um estudo realizado sobre o ELT para o ensino de PLE e PL2. Podemos notar que, inicialmente, é realizada uma contextualização, utilizando-se um texto autêntico que, embora curto, contém informações gerais sobre um evento. Além disso, a tarefa ou atividade sugerida deve ser cumprida buscando a atualização dos dados expostos no texto. Para desenvolver a tarefa, os alunos deverão, primeiro, ler o conteúdo e, depois, planejar ou prever a conversa que terão ao telefone. Em seguida, precisam fazer a ligação telefônica e, por último, analisar o que fizeram. Nessa tarefa, podemos identificar três etapas:

- pré-tarefa: leitura do texto e preparação da conversa;
- tarefa: ligação telefônica;
- pós-tarefa: análise dos resultados e da conversa realizada ao telefone.

Percebemos, também, que, nessa tarefa, que não existe a prática de tópicos gramaticais de modo explícito. Diante disso, podemos nos perguntar: Então, nessa abordagem, a gramática não é explorada? A gramática ou os recursos linguísticos serão trabalhados à medida que os estudantes desenvolverem a tarefa. Os professores aproveitarão as oportunidades para fazer pequenas explicações diante das dificuldades apresentadas pelos alunos durante o processo. Por exemplo: para fazer uma solicitação, quais expressões normalmente são utilizadas? Quando começamos uma conversa com desconhecidos ao telefone, como devemos proceder? As respostas dos alunos podem ser analisadas pelo professor, que fará as correções e dará orientações.

No entanto, nada impede que, após todo o desenvolvimento da tarefa, os alunos façam exercícios de fixação de algumas estruturas que foram aplicadas na aula. A grande vantagem do ELT está na possibilidade de serem utilizadas várias estratégias e práticas de ensino para alcançar determinados objetivos.

O conjunto de propósitos do ELT visa colocar os alunos em situações reais de comunicação e propor que resolvam problemas ou tarefas possíveis em práticas do cotidiano. Vejamos, agora, outra atividade, dessa vez, de produção escrita. Trata-se de um exercício já aplicado no exame de proficiência Celpe-Bras em 2003, o qual será estudado mais detalhadamente no Capítulo 4.

Tarefa II da parte individual do exame Celpe-Bras de 2002

Texto-base – Tarefa II: *texto em vídeo, com duração de aproximadamente 2 minutos, que consiste em uma reportagem sobre José, que trocou o emprego de estofador para dedicar-se a tocar sanfona nos ônibus urbanos do Rio de Janeiro, ganhando R$ 50,00 por dia. O vídeo também mostra a reação dos passageiros e do motorista do ônibus.*

TAREFA II – O SANFONEIRO DO ÔNIBUS (TEXTO EM VÍDEO)

Você vai ouvir duas vezes uma reportagem sobre o sanfoneiro José, podendo fazer anotações enquanto ouve. Imagine-se como um dos passageiros do ônibus em que ele toca. Escreva uma carta a um amigo brasileiro,

- contando a história do José e
- relatando como você se sentiu durante o trajeto.

Nesta tarefa, o foco está na compreensão e na produção, visto que, para escrever a carta (ação) ao amigo (interlocutor), o examinado precisa ter compreendido as informações essenciais sobre a vida do sanfoneiro, relatadas por ele no trecho de vídeo.

O candidato mostrará que compreendeu ao apresentar as informações solicitadas, e sua produção será avaliada em termos de adequação ao gênero discursivo proposto (carta), coesão, coerência, adequação lexical e gramatical, e adequação ao interlocutor.

FONTE: Brasil, 2002, p. 11.

Essa tarefa contém uma proposta de produção escrita que deve ser realizada com base em informações contidas em um vídeo. O conteúdo a ser elaborado está determinado no enunciado da tarefa, assim como quem será o interlocutor e a finalidade do texto. Também está explicitado o processo de avaliação do trabalho.

Destacamos que, nessa seção, foram mencionadas palavras como *exercício*, *atividade* e *tarefa*. Por *exercício*, entende-se, de modo geral, uma proposta de repetição e fixação de estruturas linguísticas, vocabulário e tópicos gramaticais. Já a noção de *atividade* é bastante abrangente e, de certa forma, genérica, pois uma grande diversidade de práticas pode receber essa classificação. Esses dois conceitos diferem do que estamos chamando de *tarefa*, que não corresponde à tarefa de casa, mas a um plano de trabalho com etapas e objetivos claros.

Existem várias definições de *tarefa*. Aqui, adotaremos o conceito de Santos (2014, p. 23), que delineia *tarefas* como "propostas didáticas que visam à compreensão e à produção de textos – escritos, orais, verbais ou não verbais – que seguem um planejamento predeterminado, com o objetivo de praticar a língua em situações contextualizadas e significativas para o aluno".

Outra proposta a ser destacada é a *pedagogia de projetos*. Essa prática envolve o desenvolvimento de um panorama maior que necessita de mais tempo para sua realização. De acordo com Andrighetti (2006), os possíveis elementos norteadores da pedagogia de projetos são a definição do tema, o papel desempenhado pelos participantes (professores e alunos), as etapas de realização do projeto, a integração das habilidades e dos participantes e a definição do produto final. A autora destaca que o trabalho nessa proposta deve iniciar com um levantamento de conceitos sobre projetos, das expectativas e das experiências já vividas pelos alunos.

Para a aplicação desse tipo de projeto, é necessário que os participantes estejam bastante envolvidos e que seus objetivos sejam determinados e lembrados a cada etapa. Também é preciso um tempo maior para a elaboração da prática. Sua grande vantagem é o processo de planejamento e negociação conjunto entre os participantes. Além disso, as aulas passam a configurar-se com outra dinâmica, na qual está presente o envolvimento de alunos e professores, o que efetivamente aproxima-se da prática de língua em uso.

doispontocinco
Letramento crítico e pós-método

Para concluir este capítulo, discutiremos sobre o *letramento crítico* (LC) e a pedagogia do *pós-método*.

Em seções anteriores, falamos sobre a abordagem comunicativa, a qual está relacionada ao letramento crítico. Ambos têm em comum características como a visão de língua "como um recurso dinâmico para a criação de significados" e "o protagonismo do aprendiz e a centralidade da heterogeneidade" (Mattos; Valério, 2010, p. 139-140). As autoras também citam como ponto em comum entre esses conceitos as noções de gêneros textuais, autenticidade e multiletramentos e o desenvolvimento da consciência linguística. Essas características são muito frequentes em abordagens e em metodologias de ensino do período que abrange o fim do século XX ao início do século XXI.

De acordo com Santos (2017, p. 177), "No LC a evidência da centralidade do aluno está na preocupação em desenvolver a consciência crítica de modo a contribuir para a percepção das forças ideológicas e sociopolíticas que perpassam os textos e a realidade social em que vivem".

Essa abordagem surgiu da necessidade de observar ou desenvolver a crítica social e, entre seus principais teóricos, podem ser citados Freire (2014), Rajagopalan (2013) e Jordão (2007). O olhar crítico configura-se nas práticas didáticas não necessariamente como uma postura militante, mas é percebido nas escolhas dos textos e das imagens e, principalmente, nas perguntas sugeridas para a interação em sala de aula. Um exemplo prático é observar se no livro didático utilizado na aula ou se nos materiais elaborados estão presentes diferentes vozes e personagens que circulam no meio social em que os alunos vivem e observar como se dá essa inserção.

Outro ponto em comum entre o letramento crítico e a abordagem comunicativa é a heterogeneidade. A diversidade cultural está presente na realidade social em que vivemos e, em razão disso, a prática didática precisa sensibilizar os alunos a identificar essas diferenças e a refletir sobre elas.

Também bastante presente no início do século XXI, a pedagogia do pós-método pressupõe o papel do professor como pesquisador. Seguindo essa perspectiva, a pesquisa tem um foco especial na sala de aula e isso acontece por meio da aplicação de teorias e da observação crítica de procedimentos, indícios e resultados obtidos nas práticas didáticas. De acordo com Silva (2004, p. 4):

> Sendo assim, o(a) professor(a) se torna um pesquisador capaz de indicar em que medida os achados da teoria auxiliam a sua prática. Isso pode possibilitar que ele tenha instrumentos que contribuam para que o mesmo aponte alternativas e faça adaptações capazes de surtir efeitos na sua sala de aula.

Desse modo, o professor não seleciona uma abordagem ou um método e passa a aplicar sua escolha de forma prescritiva. A definição de qual procedimento didático seguir está aliada à pesquisa e à reflexão acerca das necessidades e dos interesses dos alunos.

Embora permita um trabalho diversificado, que visa atender às especificidades e dificuldades dos alunos, a pedagogia do pós-método pode apresentar-se bastante desafiadora para professores iniciantes. No entanto, o olhar do docente como pesquisador traz grande contribuição para a melhoria das práticas de ensino.

Síntese

Para finalizar este capítulo, faremos uma comparação para exemplificar a complexidade do processo de ensino-aprendizagem.

Quando prepara sua aula, o professor projeta um evento que deve ter propósitos a serem atingidos, mas, no momento de sua realização, novas situações podem exigir adaptações ou ajustes. Por isso, a elaboração de aulas pode ser comparada à preparação de uma receita culinária. Nesse caso, a preparação consiste em escolher uma receita, comprar os ingredientes e iniciar o cozimento. No entanto, a mesma receita, elaborada por pessoas diferentes, raramente tem o mesmo gosto. Todos nós deixamos um traço de nossa personalidade em tudo o que fazemos, e isso também acontece com os professores ao preparar suas aulas. Mesmo que sigam certas metodologias, o modo de aplicá-las e de conduzir o trabalho traz marcas pessoais que podem valorizá-las ou não. Além disso, imprevistos podem favorecer ou exigir adaptações. De qualquer modo, o conhecimento de abordagens teóricas oferece ao docente ferramentas e condições para aprimorar sua prática didática.

No ensino de PLE e PL2, parece ser viável observar com cuidado a cultura de aprendizagem de língua estrangeira apresentada pelos alunos e considerar o processo de adaptação de cada um à nova cultura ou língua. Sobretudo no ensino em imersão (PL2), há estudantes de diferentes países, línguas e culturas. Alguns preferem aprender por um método que priorize as estruturas linguísticas, enquanto outros procuram desenvolver a capacidade comunicativa e desejam estudar lendo textos e assistindo a vídeos. Uma boa conversa com os alunos pode fornecer uma visão de seus interesses e, com base neles, o professor poderá fazer os devidos ajustes em suas aulas. É provável que diversificar as metodologias de ensino favoreça a aprendizagem, pois a linguagem é bastante complexa e igualmente diversificada. Por essa razão, apresentamos neste capítulo as correntes teóricas que mais influenciaram o ensino de idiomas e discutimos a visão de língua que está subjacente a cada uma delas.

Atividades de autoavaliação

1. Os estudos teóricos na área da linguagem exerceram grande influência nas práticas didáticas. Diversas abordagens e metodologias de ensino tiveram como referência esses estudos, os quais, por sua vez, foram inspirados por distintas concepções de língua e de linguagem. De modo bastante abrangente, as abordagens teóricas fizeram parte de períodos que englobam as fases pré-estrutural, estrutural e pós-estrutural.

   Com base nessa reflexão, relacione as visões de língua às abordagens de ensino.

   1. Língua como um conjunto de hábitos a serem automatizados.
   2. Língua como interação e texto como unidade linguística.
   3. Língua como fator social e recurso dinâmico para a criação de significados.

   ( ) Abordagem do letramento crítico.
   ( ) Abordagem estruturalista.
   ( ) Abordagem comunicativa.
   ( ) Abordagem voltada ao trabalho com textos autênticos.

   Assinale a alternativa que corresponde à sequência correta:

   a. 1, 3, 2, 3.
   b. 1, 2, 3, 1.
   c. 3, 3, 1, 2.
   d. 3, 1, 3, 2.

2. Os alunos do mestre Ferdinand de Saussure publicaram um livro com uma compilação de anotações feitas durante suas aulas. Essa obra tornou-se uma referência para a linguística, que passou a ser considerada uma ciência independente.

Sobre os estudos estruturalistas e sua influência no ensino, analise as afirmativas a seguir e marque V para as verdadeiras e F para as falsas.

( ) A identificação dos pares mínimos contribuiu para os estudos de pronúncia e trouxe inovações para o ensino de línguas.
( ) Os conhecidos exercícios estruturalistas, frequentes em livros didáticos de língua estrangeira, têm como objetivo a fixação de regras, e seu formato foi influenciado pela psicologia behaviorista.
( ) A abordagem estruturalista tem a visão de língua como forma de ação e interação.
( ) Os estudos estruturalistas contribuíram para a valorização do estudo da forma das línguas, inclusive das menos prestigiadas, e das normas vernáculas.

Assinale a alternativa que corresponde à sequência correta:

a. F, V, V, V.
b. V, F, V, V.
c. V, V, F, V.
d. V, V, V, F.

3. A abordagem comunicativa prioriza a comunicação efetiva em situações reais, e seu foco está no significado e na interação. Um de seus principais teóricos foi Dell Hymes, que formulou os conceitos de *competência* e *desempenho*.

Sobre a abordagem comunicativa, analise as afirmativass a seguir e marque V para as verdadeiras e F para as falsas.

( ) O conceito de competência comunicativa é pouco relevante para a abordagem comunicativa, pois se restringe a caracterizar a linguagem como uma habilidade inata dos seres humanos.

( ) De acordo com Canale e Swain (1980, citados por Bressan, 2002), a competência sociolinguística refere-se ao entendimento da conjuntura social em que ocorre a comunicação. Fatores comunicativos como tópicos, papel dos participantes e contexto contribuem para determinar as atividades do falante.

( ) A abordagem comunicativa pode ser considerada pré-estrutural.

( ) Os estudos da sociologia e da pragmática foram decisivos para a constituição da abordagem comunicativa.

Assinale a alternativa que corresponde à sequência correta:

a. V, F, F, V.
b. F, V, F, V.
c. V, V, V, F.
d. F, V, F, V.

4. O ensino de línguas por tarefas (ELT) é um modo de organizar o ensino voltado à produção e à compreensão de atividades comunicativas. É uma vertente da abordagem comunicativa e utiliza textos autênticos como elementos de organização das atividades de ensino.

Sobre o ensino de línguas por tarefas, analise as afirmativas a seguir e marque V para as verdadeiras e F para as falsas.

(   ) O ELT é uma abordagem de ensino que tem procedimentos a serem seguidos de modo prescritivo.

(   ) No ELT, a organização das atividades de ensino não deve seguir tópicos gramaticais de forma acumulativa e linear, mas priorizar os objetivos comunicativos e a produção de tarefas significativas.

(   ) No ELT, *tarefa* tem o mesmo significado de tarefa de casa ou de trabalho a ser realizado em casa.

(   ) As atividades propostas pelo ELT têm por objetivo criar situações de comunicação reais e resolver problemas semelhantes aos do cotidiano.

Assinale a alternativa que corresponde à sequência correta:

a. F, V, V, F.
b. F, V, F, V.
c. F, F, V, V.
d. V, F, V, F.

5. O letramento crítico vem se configurando como uma importante abordagem que permite desenvolver ou refinar o olhar crítico em relação às forças ideológicas e sociopolíticas que perpassam a realidade social e os diversos textos presentes em nosso dia a dia.

Sobre o letramento crítico, analise as afirmativas a seguir e marque V para as verdadeiras ou F para as falsas.

(   ) O letramento crítico surgiu da necessidade de se observar e desenvolver a visão crítica quanto às diversas práticas sociais.

(   ) A abordagem comunicativa e o letramento crítico têm em comum a valorização do protagonismo do aprendiz, a centralidade da heterogeneidade e a noção de gênero textual, entre outras características.

( ) A preocupação com a diversidade social vem incentivando estudos na área da linguística e contribuído para o desenvolvimento de práticas de ensino mais inclusivas.

( ) Além de ter aspectos em comum com a abordagem comunicativa, o letramento crítico aproxima-se muito da visão estruturalista, principalmente em sua visão de língua.

Assinale a alternativa que corresponde à sequência correta:

a. V, F, V, V.
b. V, V, F, V.
c. V, V, V, F.
d. F, V, V, V.

Atividades de aprendizagem

Questões para reflexão

1. Das abordagens apresentadas, quais você considera mais adequadas para o ensino de PLE e PL2?

2. No momento de planejar as aulas, o que você considera como prioridade para o professor desenvolver uma proposta de ensino, levando em conta as dinâmicas socioculturais?

Atividade aplicada: prática

1. A seguir, apresentamos três importantes livros didáticos utilizados no ensino de PLE e PL2 de diferentes períodos, os quais podem ter sido influenciados por linhas teóricas relativamente diferentes. Leia os livros ou pesquise sobre eles e procure identificar qual linha teórica cada um parece seguir:
   a. LIMA, E. E. O. F.; IUNES, S. A. **Falar... ler... escrever, português: um curso para estrangeiros**. Rio de Janeiro: EPU, 2017.
   b. LIMA, E. E. O. F. **Novo Avenida Brasil**: curso básico de português para estrangeiros. Rio de Janeiro: EPU, 2008. v. 1.
   c. ROMANICHEN, C. **Viva! Língua portuguesa para estrangeiros**. Curitiba: Positivo, 2010.

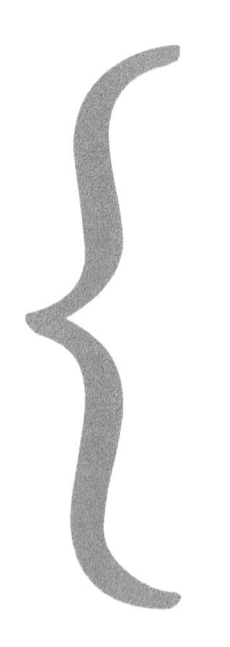

{

um	Aquisição de língua estrangeira: reflexões sobre o ensino-aprendizagem de PLE/PL2
dois	Abordagens metodológicas para o ensino de PLE/PL2
# três	**Diversidade cultural e linguística nas aulas de PLE e PL2**
quatro	Efeitos retroativos do exame Celpe-Bras no ensino de PLE/PL2 e na organização de cursos e programas
cinco	Planejamento e elaboração de cursos e aulas de PLE/PL2
seis	Variação linguística e ensino de PLE/PL2

{

❰ NESTE CAPÍTULO, ABORDAREMOS a diversidade cultural e linguística nas aulas de português língua estrangeira (PLE) e português segunda língua (PL2). Ao contrário do ensino de línguas estrangeiras para brasileiros, nos cursos de português para estrangeiros, principalmente nas aulas em imersão, a tendência é haver grupos formados por pessoas de muitos lugares. No entanto, mesmo se considerarmos apenas as aulas particulares, a diversidade também estará presente entre professor e aluno. E isso é algo positivo ou negativo? Talvez não possamos classificar precisamente, pois são situações diferentes que podem propiciar grande conhecimento cultural, mas também implicam uma série de desafios para a interação e o processo de ensino-aprendizagem.

    Quando se ensina uma língua estrangeira para compatriotas, há muito conhecimento compartilhado e certo domínio do processo de aprendizagem, pois o professor igualmente foi aprendiz dessa língua como estrangeira. Por conta disso, muitas perguntas feitas pelos alunos são previsíveis e mais compreensíveis, uma vez que o docente já viveu essa situação.

A ideia de ensinar para estrangeiros, em um primeiro momento, parece algo atraente, curioso, encantador e até sedutor. É comum os professores sentirem-se cativados por esse tipo de ensino, porém quando o vivenciam de fato, percebem que, para obter sucesso ou efetivamente ajudar os alunos, precisam de muito conhecimento sobre métodos de ensino e respeito às línguas e às culturas envolvidas.

A relação entre pessoas de diferentes lugares é influenciada pela capacidade de os participantes transitarem entre os modos de ver e de agir de cada um. Algumas perguntas podem ser recorrentes nesses contextos, como: "A cultura dos alunos deve ser levada em conta durante as aulas e em seu planejamento?"; "Podemos separar língua e cultura?"; "Qual é a importância de cada uma delas?"; "De que modo devemos praticar o conhecimento cultural característico de povos, nações ou comunidades?".

Esses são alguns dos questionamentos que acompanham a prática docente. Queremos acrescentar a eles mais algumas perguntas feitas pela professora Edleise Mendes (2011). A autora faz reflexões tomando por base o ensino de acordo com a abordagem intercultural e coloca como questão central a relação entre língua e cultura, ou o espaço que cada uma delas ocupa. As perguntas pontuadas por ela são: "Qual deve ser o lugar da cultura no ensino de uma LE/L2?"; "O que vem antes: a língua ou a cultura?"; "A cultura está na língua ou a língua está na cultura?" (Mendes, 2011, p. 143).

Neste capítulo, responderemos a essas questões e apresentaremos nosso modo de compreendê-las.

trêspontoum
Conceitos e características da abordagem intercultural

Quando estudamos os gêneros textuais ou discursivos, a palavra *cultura* é pouco presente. Na abordagem gramatical, a cultura é vista como algo separado da língua e também é pouco levada em consideração. É com os construtos teóricos da abordagem comunicativa que vemos maior aceitação dos estudos sobre esse tema ligados ao ensino.

    O conceito de cultura que estamos considerando segue a linha apresentada pelo antropólogo Clifford Geertz, que tem sentido semiótico e entende que "o homem é um animal amarrado a teias de significado que ele mesmo teceu" (Geertz, 2008, p. 4). Nesse sentido, vemos que cada grupo representativo cria o próprio modo de entender o mundo e desenvolver ações e formas de pensar. Mas isso não significa que as culturas são blocos isolados e que, ao estudarmos uma nova língua – e, consequentemente, uma nova cultura –, teremos de aprender tudo do zero. Essa forma de pensar seria uma visão purista e limitada de cultura.

    A experiência de ensino para estudantes provenientes de outros países tem mostrado que há muitas semelhanças e diferenças entre os povos. Curiosamente, existem elementos que parecem universais e por meio dos quais organizamos nossa vida, como a culinária, o trabalho, a família, a saúde, a doença, os rituais de comemoração, os rituais religiosos, a moradia e os sentimentos (amor, ódio, medo, vergonha e desconfiança), entre outros. Se observarmos bem, temos muito mais em comum do que geralmente pensamos.

Por isso, ao planejar suas aulas, o professor deve considerar o que tem em comum com os alunos para, então, introduzir o novo pouco a pouco. Ele precisa, ainda, observar a linguagem não verbal, pois grande parte da comunicação humana ocorre sem utilizar as palavras. Evidentemente, quando a língua é comum, os interlocutores conseguem expressar o que pensam com muito mais velocidade e, consequentemente, relacionar-se melhor. Porém, isso não significa que eles só conseguirão se entender se falarem a mesma língua.

Na história da humanidade, o contato entre os povos sempre esteve presente e ocorreu de muitas formas, principalmente por interesse comercial, e proporcionou o intercâmbio de ideias, objetos, tecnologias e costumes. É justamente no espaço de convivência e de interação que se desenvolve a vivência intercultural. No entanto, esse cenário de trocas pode ou não ser harmônico, pois todos estão continuamente criando e recriando modos de ver as coisas que os cercam. Um exemplo muito curioso são as frutas banana e manga: ambas são originárias de países asiáticos e foram introduzidas no Brasil pelos colonizadores portugueses. No entanto, hoje elas estão absolutamente incorporadas ao nosso dia a dia e são consideradas genuinamente brasileiras pela maioria das pessoas. Assim, "as tradições e os valores são recriados, reconstruídos de modo dinâmico e flexível, tal como um organismo vivo" e manifesta-se em "espaços e processos de encontro e de confronto dialógico entre as várias culturas" (Bhabha, 1998, citado por Azibeiro, 2003, p. 93). De acordo com Bhabha (1998), esses espaços e processos possibilitam a vivência intercultural e são considerados pelo autor como híbridos ou miscigenados. Nesse sentido, a interculturalidade pode ser um lugar não só de diálogo mas também de tensão e de jogo de forças.

Inicialmente, o termo *interculturalidade* começou a ser usado na Europa para expressar a relação entre os recém-chegados imigrantes provenientes das ex-colônias de países europeus nos anos 1970 e 1980. No campo do ensino de línguas, a interculturalidade é marcada pelo "esforço que aproxima culturas e estabelece relação dialógica entre elas, fazendo com que professores e aprendentes reflitam acerca dos fenômenos culturais imbricados na comunicação em determinada língua" (Paiva; Viana, 2014, p. 22). Nessa perspectiva, também se encontra o conceito de ensinar e aprender línguas da abordagem intercultural, conforme descrito por Mendes (2011, p. 142), para a qual, "quando ensinamos e aprendemos o português, estamos tratando de uma dimensão muito maior do que um conjunto de formas e suas regras de combinação, mas de um modo de ser e de viver através da linguagem". Seguindo essa perspectiva teórica, temos a visão de língua como um "símbolo, um modo de identificação, um sistema de produção de significados individuais, sociais e culturais, uma lente através da qual enxergamos a realidade que nos circunda" (Mendes, 2015, p. 219).

Os conceitos teóricos apresentados até aqui nos auxiliam a entender o sentido e o propósito do ensino na linha da abordagem intercultural. Mas como podemos elaborar atividades ou pensar em dinâmicas que propiciem a interculturalidade em sala de aula?

Pois bem, quando falamos de *cultura* ou de *intercultura*, estamos sujeitos a dúvidas como essas, visto que nosso objeto de estudo é bastante volátil. Quando estudamos, no Capítulo 2, a perspectiva textual, vimos alguns encaminhamentos como as atividades de pré-leitura, leitura e pós-leitura, além de outras propostas relacionadas às práticas de produção de textos. No entanto, na perspectiva intercultural, parece ser mais complexo elaborar um conjunto de procedimentos práticos.

Observando materiais didáticos variados de ensino de línguas das décadas de 1980 e 1990, podemos encontrar obras nas quais os conteúdos culturais eram deixados para o fim das unidades e apareciam como um texto complementar com curiosidades. Essa linha de trabalho trazia de modo separado – ou relativamente separado – o que se entendia como *conteúdos linguísticos* e *conteúdos culturais*. Da mesma forma, a visão de que a cultura corresponde apenas a manifestações folclóricas como lendas e costumes demonstra um conhecimento restrito sobre o que ela é e suas implicações no ensino de línguas. Conforme Mendes (2015, p. 219, grifo do original), "aprender uma língua como o português, por exemplo, seria mais do que dominar uma cultura de ilustração, mas aprender a **estar socialmente** em português, o que envolve muito mais coisas do que simplesmente o domínio de formas linguísticas e de curiosidades culturais sobre a língua-alvo."

Para estar de acordo com essa perspectiva, precisamos entender *língua* e *cultura* como indissociáveis, ou seja, como componentes de uma totalidade na qual uma depende da outra e ambas têm a mesma importância. Mendes (2011, p. 143) considera que, para não separar língua e cultura e "denominar a língua que se quer ensinar e aprender, ou que funciona como mediadora entre mundos culturais diferentes", o termo mais apropriado seria *língua-cultura*.

Como podemos, então, desenvolver o ensino intercultural?

Entendemos que é necessário conectar diversos fatores ou habilidades a fim de desenvolver eventos de interação que poderão favorecer a aprendizagem. Sobre a promoção dessas situações, Mendes (2011, p. 145) diz que "as experiências devem orientar-se de modo a permitir que as atividades e tarefas, assim como as ações através da língua promovam a interação necessária para que a dimensão intercultural da aprendizagem tenha lugar".

Cada uma das linhas de estudo que vimos até agora defende seu ponto de vista e a necessidade de trabalhar com conteúdos ou habilidades que compõem a linguagem. Como podemos perceber, mesmo intuitivamente, a comunicação humana é muito complexa e, para que seja possível ensinar um novo idioma, é preciso desenvolver propostas que permitam valorizar e explorar suas diversas características.

Durante muito tempo, as práticas de ensino de línguas seguiam linhas específicas de trabalho e, de modo arbitrário, procuravam aplicar procedimentos teóricos como receitas de sucesso. Ao surgirem outras necessidades, mudava-se o ensino para novas abordagens, que se apresentavam como a solução para alguns problemas.

No período em que vivemos, são aceitas as metodologias híbridas ou mistas, ou seja, a utilização de diferentes abordagens, o que permite a exploração de uma gama maior de aspectos que compõem a linguagem e a comunicação. Essa opção, porém, não é simples e não deve ser feita de modo aleatório. É necessário sistematizar os objetivos a serem atingidos e desenvolver propostas que possam supri-los.

trêspontodois
Desafios para o ensino intercultural

Seguindo a perspectiva de abordagens mistas, entendemos que a inclusão de atividades que desenvolvam a interculturalidade é benéfica para as aulas de línguas. A sala de aula de PLE e PL2 é um espaço privilegiado para a troca de informações culturais e essa interação pode ampliar o rol de conhecimentos formado pela contribuição dos participantes.

De acordo com Mendes (2011, p. 148), "o ideal é que os conteúdos relativos à cultura […] possam ser vistos como fatos e informações e também como redes de significados a serem interpretados". Essa visão está ligada à exploração de tópicos culturais com maior flexibilidade, o que condiz com o caráter hegemônico e imprevisível da cultura (Mendes, 2011). Entendemos com isso que a inserção de estudos sobre a cultura de um país ou de uma comunidade nas aulas de língua estrangeira não deve ocupar um momento determinado ou ser o ponto de partida da organização de uma atividade. Um exemplo disso seria o professor iniciar a aula dizendo: "Hoje vamos estudar cultura brasileira".

Por isso, as questões culturais não devem ser exploradas pontualmente, mas devem ser aproveitadas em brechas ou em oportunidades que surjam no decorrer das aulas. Se for definida uma aula só para se estudarem questões relacionadas à cultura brasileira, provavelmente ocorrerão situações meramente expositivas, ou seja, aquelas nas quais o professor fornece todo o conhecimento e os alunos ficam ouvindo como "receptores" de informação. Eventualmente, as aulas expositivas podem acontecer. Não queremos dizer que práticas como essas sejam absolutamente inadequadas, no entanto, é preciso dosá-las de modo equilibrado para que os estudantes sejam efetivamente atuantes nesse processo.

Desse modo, então, como ocorre a inserção de momentos interculturais nas aulas de PLE e PL2? É possível que os materiais didáticos contenham textos e questões voltados ao desenvolvimento da competência comunicativo-intercultural, mas é a atuação de professores e alunos em sala de aula que promoverá situações que favoreçam essa competência. Segundo Mendes (2011), é o modo de agir de docentes e estudantes, assim como suas ações como mediadores culturais, que contribuirá para a produção de conhecimento significativo.

Para se comportarem como mediadores culturais, é necessário respeito e muita sensibilidade em relação modo de pensar e de agir das pessoas. Vejamos alguns exemplos de situações vividas em salas de aula de PLE e PL2.

Em certa ocasião, um aluno sul-coreano estava olhando um mapa-múndi que havia na escola e ficou com uma expressão de surpresa e indignação porque no mapa constava que uma ilha que fica entre a Coreia do Sul e o Japão pertencia a este último.

O estudante contestou, dizendo que a ilha pertencia à Coreia do Sul, e argumentou que aquele mapa – que havia sido feito no Japão – estava errado. Isso aconteceu na hora do intervalo, mas estavam na sala de aula a professora e os outros alunos, inclusive, japoneses. A situação foi um pouco tensa, pois um estudante japonês disse que o mapa estava certo. Considerando-se que o Japão e Coreia do Sul viveram situações de grande conflito durante o início do século XX, qual deveria ser a atitude da professora?

Ela poderia dizer que estava na hora do intervalo e os alunos deveriam sair da sala e fazer um lanche, o que seria uma forma de dispersar os revoltosos.

Outra possibilidade seria ela conversar com o aluno sul coreano e pedir a ele que contasse o fato histórico e descrevesse como aconteceu a disputa pela ilha, perguntando-lhe, ainda, como ela é, o que tem lá e se existe algum acordo internacional que determine sua posse. A professora também poderia perguntar para o aluno japonês o que ele sabia sobre o fato e, depois, posicionar os demais estudantes, dizendo que muitos conflitos aconteceram e ainda acontecem no mundo, e isso traz consequências negativas, mas agora eles estão reunidos para aprender um novo idioma e, se forem colaborativos, poderão se beneficiar e aprender juntos. Essa seria uma atitude mais mediadora, chamando a atenção para o momento que os estudantes estão vivendo, e não valorizando velhos conflitos ou desavenças.

Outra situação seria a professora entrar na discussão e apontar quem ela acha que está errado, tomando partido de um dos países.

Vemos nesse episódio três formas possíveis de a professora conduzir a questão entre os alunos. Na primeira, ela seria totalmente neutra, adotando uma atitude de não enfrentamento que apenas a desviaria do assunto; na segunda, a ela procuraria saber qual era a questão, deixaria cada aluno dar sua opinião e depois procuraria conscientizá-los de que, naquele momento, o melhor a fazer seria garantir uma convivência harmoniosa; na terceira, a professora estimularia o enfrentamento e a discussão e talvez ainda fizesse um julgamento sobre quem estaria certo ou errado.

Temos de considerar também que, em determinadas circunstâncias, o melhor a fazer é amenizar os ânimos ou deixar os alunos discutirem, pois são donos de suas vidas e têm o direito de expor sua opinião. O que procuramos mostrar nesse exemplo é que o espaço de sala de aula pode ser conflituoso. Situações de estranhamento certamente poderão ocorrer entre os estudantes, entre eles e o professor ou mesmo entre eles e o material didático.

Dessa forma, é preciso ter cuidado com apresentações de vídeos ou textos que contenham comentários ou alusões a assuntos delicados, como, por exemplo, o nazismo, pois alunos alemães podem sentir-se constrangidos. É possível que muitos não se importem, mas os professores devem ser cautelosos. Com estudantes provenientes de países em guerra, é necessário estar prevenidos, pois algum comentário ou mesmo um desabafo pode surgir.

Outra situação delicada ocorreu em uma sala de aula de PL2. Estava sendo discutido um tema ligado a estudos e carreira e um aluno sírio começou a falar de sua situação. Explicou que faltava um ano para terminar a faculdade de direito quanto teve de mudar-se para o Brasil por causa da guerra. Seis meses antes, ele havia conseguido um estágio em um escritório de advocacia, porém este fechou e ele perdeu o emprego. A história por si só já era triste, mas o aluno ficou muito emocionado e começou a chorar. Depois, passou a falar sobre sua situação difícil no Brasil. Diante disso, a professora falou algumas palavras de apoio, lembrou a importância de superar situações tristes como essas e disse que as pessoas precisavam se unir para ajudar umas às outras, pois, assim, seriam mais fortes. Outros povos que têm vindo para o Brasil também passam por experiências difíceis. Essa é a realidade de muitos haitianos, venezuelanos, egípcios e congoleses, entre outros.

Esse exemplo demonstra que, em uma situação como essa, o melhor a fazer em sala de aula é ouvir os alunos, permitir que eles compartilhem seu sofrimento e procurar motivá-los para continuarem seus estudos mais tarde.

Além de casos assim, é possível que, durante as aulas, surjam críticas ao Brasil, ao modo de viver dos brasileiros e a seus costumes e hábitos, que podem parecer muito estranhos para algumas pessoas. Como o ensino em imersão é feito, em geral, por professores brasileiros, eles podem se sentir ofendidos com comentários e críticas feitas por alunos. Nesses momentos, seria muito útil que os estudantes lessem sobre a história do Brasil, pois isso lhes permitiria compreender melhor o que ocorre em nosso país. Portanto, os professores devem saber muito sobre a história do Brasil, pois isso é essencial para que tenham uma visão mais ampla e para que, em momentos oportunos, possam dar explicações consistentes. Em geral, os alunos interessam-se por ler e ouvir alguém explicando sobre fatos históricos, o que é muito enriquecedor. Mas, para isso, os docentes precisam conhecer muito bem o assunto sobre o qual estão falando, para não apresentarem informações superficiais ou interpretações distorcidas.

Assim, os professores devem procurar desenvolver um ambiente de integração desde o primeiro dia de aula. Isso pode ser feito utilizando-se alguns jogos ou propondo-se atividades lúdicas, porém sem incentivar a disputa. Também é muito positivo cultivar o bom humor e o espírito colaborativo. Essas iniciativas são fundamentais para a criação de "comunidades de prática" nos termos de Wenger (2002). Se o docente conseguir estabelecer uma relação de integração, terá um grupo mais motivado e, para tanto, precisa entender seu papel como mediador. Mendes (2011, p. 156) considera que o professor, ao atuar como agente de interculturalidade,

> contribui para a relação de troca, diálogo e respeito mútuo às diferenças, fazendo da sala de aula um espaço do qual as diferentes vozes, a sua em particular e também as dos alunos, possam ser ouvidas e interpretadas, com o objetivo de construir, conjuntamente, significados entre/inter culturas.

Uma sugestão de proposta para o professor desenvolver com alunos não iniciantes – que já tenham pelo menos estudado as formas verbais do passado – é pedir a eles que contem a história dos próprios nomes, ou seja, cada um dizer quem escolheu seu nome e o que ele significa. Todo têm algo a dizer sobre isso, sobretudo os asiáticos (japoneses, coreanos e chineses, entre outros), cujos nomes apresentam uma composição e um significado normalmente relacionados ao que a família deseja para a criança. Alguns desses alunos podem não se lembrar ou não se sentir motivados a contar, mas outros gostarão da atividade. Assim, uma característica cultural muito característica desses povos será valorizada.

A seguir, analisaremos algumas atividades de conversação que estimulam discussões interculturais, mais apropriadas para estudantes de nível intermediário. É importante destacar que existem perguntas que envolvem situações hipotéticas, as quais são consideradas estruturas complexas e exigem mais conhecimento dos alunos.

QUADRO 3.1 – ATIVIDADES DE CONVERSAÇÃO

Tema: Vida de intercambista
1. Por que você escolheu esta cidade para fazer intercâmbio?
2. Você poderia ter escolhido outra cidade?
3. Você já morou em outro país?
4. O que chamou sua atenção logo que você chegou aqui?
5. Você sente falta de alguma coisa?
6. Para você, a que foi mais difícil de se adaptar?
7. Você viveu alguma situação de choque cultural?
8. Se um brasileiro vivesse em seu país, do que você acha que ele sentiria falta?
9. Como este intercâmbio poderá influenciar em sua vida futura?

(continua)

(Quadro 3.1 – conclusão)

Tema: Diferenças culturais e experiências novas
1. Você costuma viver experiências novas? Conte alguma.
2. Você acha alguma comida brasileira esquisita ou muito diferente?
3. Você tem dificuldade em se adaptar a lugares novos, como casa, cama, chuveiro etc.?
4. Para ficar cinco dias de férias, o que você prefere: visitar uma cidade, ir a uma praia ou ficar em um lugar na área rural? Fale sobre as vantagens e as desvantagens de cada lugar.
5. O que mais lhe atrai na cidade em que você está morando? Cite lugares aonde você gosta de ir e coisas que gosta de fazer.
6. Imagine que você e outros amigos combinaram preparar um jantar para colegas brasileiros. O que vocês preparariam?
7. Conte como é sua cidade (em seu país)? Fale dos pontos turísticos, das características locais e de suas impressões sobre o lugar.

Para o desenvolvimento de atividades de conversação ou de discussão, não é essencial que os alunos conjuguem todos os verbos adequadamente. Esses são momentos de conversa informal, para que os estudantes sintam-se à vontade contando suas experiências e dando suas opiniões. Se os alunos solicitarem ajuda, o professor pode dizer como se conjuga determinado verbo ou qual é a estrutura mais provável para cada situação, porém sem fazer correções excessivas.

O docente pode identificar e relacionar algumas dificuldades e inadequações e, depois que a atividade estiver concluída, explicar alguns problemas com base no que percebeu que os alunos ainda não dominam. O momento de esclarecer dúvidas e estudar questões pontuais sobre gramática deve ocorrer no fim de cada unidade ou de atividades definidas para a reflexão linguística. Em geral, os alunos gostam de exercícios e lições gramaticais porque se sentem seguros com essa prática ou porque essa é a cultura de aprendizagem que imaginam adequada. No entanto, é importante explicar que as aulas de línguas devem ter vários momentos, cada um deles com objetivos específicos, pois estudar línguas não é só aprender a gramática.

Na sequência, continuaremos falando sobre desafios do ensino de PLE e PL2 e nos concentraremos nas crenças de aprendizagem.

trêspontotrês
Crenças sobre o ensino-aprendizagem de PLE e PL2

No início deste capítulo, falamos sobre a complexa relação entre o que temos em comum e o que temos de diferente com outros povos. Pontuamos também que os conhecimentos culturais e linguísticos não são delimitados e estritos, como se fossem blocos. Em vez disso, entrecruzam-se, e isso se deve ao contato entre os seres humanos e às relações que mantêm uns com os outros – algumas mais profícuas, outras menos favoráveis. Todo contato costuma deixar marcas e não somos os mesmos depois das experiências que vivemos. A questão é que as mudanças podem ser menores ou maiores, mais superficiais ou mais intensas. Assim, as relações estabelecidas influenciam a vida das pessoas e, consequentemente, das comunidades e dos povos. No entanto, da mesma forma como a cultura de um país ou de uma sociedade é perceptível, é também difícil de descrevê-la. Para compreender certos costumes do presente, precisamos identificar razões passadas que contribuíram para sua formação. Curiosamente, as influências que se refletem no modo de ser e de pensar da atualidade podem ter origens muito distantes. Vamos citar aqui dois exemplos:

1. o modo de constituição das nações;
2. a influência filosófica predominante.

Parece impossível que consigamos escapar de alguns tipos de influência. Uma delas é a constituição da nação a que pertencemos. É o caso de países de tradição colonizadora e de países que foram ou ainda são colonizados, ou de países que tiveram império, que viveram muitos anos de escravidão, que têm povos nativos (indígenas), que sofrem influências religiosas etc. Medidas sociopolíticas e educacionais tendem a estabelecer fortes traços na constituição das sociedades. Os países das Américas do Norte, Central e do Sul, por exemplo, são mais jovens e modernos e aceitam mais facilmente novos costumes. Já aqueles que no passado foram colonizadores tiveram melhores condições sociais e puderam universalizar a educação, ou seja, permitir que seus cidadãos estudassem por vários anos, o que propiciou o desenvolvimento de sociedades mais avançadas e com mais qualidade de vida.

Outra influência é a filosófica. O mundo conheceu, mais ou menos na mesma época – por volta de 500 a.C. – dois pensadores, Sócrates e Confúcio, considerados os fundadores das filosofias ocidental e oriental, respectivamente. Para o primeiro, a pedagogia deve ser pautada em questões que levem o indivíduo a pensar e a refletir. Seu pensamento é baseado no autoconhecimento e na visão crítica. De acordo com Menezes (2015, p. 42), o pensamento socrático tem como essência o conceito de que "uma boa aprendizagem envolve o uso de abordagens nas quais os alunos são incentivados a questionar o conhecimento recebido e a expressar suas próprias hipóteses sobre tais dados".

O pensamento de Confúcio, por sua vez, valoriza a moralidade tanto pessoal quanto governamental e incentiva o profundo respeito à educação, aos idosos e à família. No ensino, exalta mais a continuidade e o respeito às regras do que a inovação.

Para auxiliar na compreensão das culturas de aprendizagem oriental e ocidental, o Quadro 3.2 apresenta as principais características de cada uma.

QUADRO 3.2 – CARACTERÍSTICAS DE APRENDIZAGEM DAS CULTURAS ORIENTAL E OCIDENTAL

CULTURA DE APRENDIZADO ORIENTAL	CULTURA DE APRENDIZADO OCIDENTAL
Conhecimento através de autoridade	Habilidade em aprender
Consciência coletiva	Orientação individual
Ensino e aprendizagem como desempenho	Ensino e aprendizagem como organização

(continua)

(Quadro 3.2 – conclusão)

CULTURA DE APRENDIZADO ORIENTAL	CULTURA DE APRENDIZADO OCIDENTAL
Aprendizado através de prática e memorização	Aprendizado através de interação e construção
Papel do aluno como ouvinte e leitor na comunicação	Papel do aluno como falante e escritor na comunicação
Hierarquia, face e respeito	Igualdade e informalidade
Professor como modelo e centro de aprendizado	Professor como organizador do aprendizado

FONTE: Menezes, 2015, p. 45.

Embora as informações do Quadro 3.2 possam ser consideradas generalizadoras, elas são condizentes com o que entendemos ser frequente no conceito de aprender da maioria dos alunos asiáticos e de grande parte dos estudantes ocidentais.

Frequentemente, muitos alunos orientais, ao chegarem ao Brasil e começarem a estudar português, demonstram surpresa com o modo como as aulas são desenvolvidas. O jeito descontraído de muitos professores, suas estratégias de ensino, que incluem atividades lúdicas, e a falta de rigor e de sistematização, características bastante comuns em professores de PLE e PL2, causam-lhes estranhamento. Há quem goste muito, mas há quem não saiba muito bem como lidar com essas novidades. A falta de sistematização pode gerar uma grande confusão e ser desestimulante para alguns alunos, por isso é recomendável que fique muito claro para eles quais são os objetivos da aula. Pode-se, inclusive, registrar os tópicos a serem ensinados e praticados no quadro ou no computador, caso sejam cursos particulares. No fim da aula, deve-se retomar esses itens e verificar o que foi trabalhado. Aulas apenas de conversação e de discussão, por mais que o professor esteja ciente dos objetivos e desenvolva um bom trabalho, provavelmente causarão um sentido de vazio ou de pouca consistência para esses alunos.

Do ponto de vista do ensino ou do professor, são comuns comentários do tipo: "Os alunos asiáticos não interagem, são pouco criativos, têm baixo letramento (capacidade de ter boa produção de textos e leitura)". É necessário tomar muito cuidado com esses apontamentos, embora, em alguma medida, eles até possam fazer sentido para os docentes, pois o modo de se expressar das pessoas pode ser variado, e há a tendência de se avaliar os alunos com base no que os professores entendem como ideal ou adequado.

Se for o caso de uma sala de aula com estudantes provenientes de países diversos, as chamadas *turmas multiculturais*, e se no mesmo grupo houver franceses e asiáticos (japoneses, por exemplo), a tendência é que a produção de textos dos alunos franceses seja mais satisfatória. Isso ocorre por várias razões, mas, principalmente, porque a organização discursiva dos textos em português e em francês é muito mais próxima do que em português e em japonês. Então, se o texto do aluno francês for tomado como referência e lhe tenha sido dado nota 10, ao compará-lo com os textos de alunos de línguas distantes, provavelmente estes últimos receberão notas muito mais baixas.

E o que fazer nas avaliações? Nesse caso, é melhor observar como os alunos evoluem durante o período de estudos. Uma sugestão é a preparação de portfólios para que eles percebam mais facilmente seu progresso. Os estudantes de PLE e PL2 têm necessidades muito distintas. Por isso, os professores precisam analisar muito bem o que lhes ensinarão nas aulas e como vão avaliá-los. Um aluno francês geralmente não precisa de tanto tempo para aprender a ler e a produzir textos em português, ao passo que os japoneses normalmente precisam. Usar o mesmo parâmetro de notas nas aulas para grupos multiculturais, portanto, é inadequado.

trêspontoquatro
Ensino de PLE e PL2 para alunos falantes de línguas distantes

Estamos considerando línguas distantes do português as que têm escrita não alfabética, ou seja, aquelas cuja escrita difere muito da nossa. Como um significativo número de alunos interessados em aprender a língua portuguesa é falante de idiomas orientais (mandarim, japonês, coreano, árabe, vietnamita, entre outras) concentraremos neles os comentários e as comparações para que possam contribuir para a atuação do professor.

As características selecionadas para discussão sobre essas línguas são:

- direção da escrita;
- ausência de artigos;
- ordem das palavras nas frases;
- características fonéticas e prosódicas.

A primeira característica a se considerar é que alguns idiomas têm o formato dos textos em sentido oposto ao nosso, ou seja, da direita para a esquerda, a exemplo da língua árabe e de um dos tipos de escrita japonesa. Alguns alunos provenientes de países de língua árabe dizem, no início dos cursos, que sentem dor de cabeça quando ficam muito tempo estudando português, o que pode estar associado a essa questão. Além disso, em japonês, uma das escritas é feita de cima para baixo e da direita para a esquerda. No entanto, como os japoneses têm vários formatos de escrita, inclusive alguns iguais à nossa, em geral isso não lhes causa muito estranhamento ou grandes dificuldades.

A segunda característica a ser destacada é ausência de artigos em algumas línguas, especialmente os artigos definidos. A dificuldade não está em não existirem esses elementos na língua materna; o problema é que, em português, às vezes eles são usados e, às vezes, não.

Vamos refletir sobre a importância dos artigos definidos, assim como os usamos nas línguas neolatinas. Qual é a diferença entre *porta* e *a porta*? A princípio, os artigos definidos especificam seres e objetos do mundo. Em *porta*, designamos um elemento qualquer, mas, em *a porta*, há uma especificação, pois nos referimos a um objeto determinado, isto é, algo definido. Por isso o nome *artigo definido*.

Em geral, o artigo definido vem acompanhado de um adjetivo ou de um termo que completa o sentido da palavra, como em *a porta da sala*. Nesses casos, o artigo é obrigatório. Mas há algumas exceções ou variações de uso. Quando a palavra estiver no plural e sozinha, assume um sentido genérico e, por isso, não precisa do artigo. De forma semelhante ocorre quando enumeramos coisas, mesmo no singular, como, por exemplo: "Ele comeu abacaxi, maçã e banana". Nesse caso, está-se falando que foi comida apenas uma fruta de cada. Nessa situação, também não está definida a quantidade do alimento que foi ingerida, se a fruta toda ou apenas uma parte dela. Isso ocorre porque é possível na língua portuguesa.

Para um aluno coreano, falante de um idioma no qual não há artigos, ao aprender que em português colocam-se artigos antes das palavras, o que ele pode entender é que sempre deverá usá-los. Porém, sabemos que não é bem assim. Usamos artigos, mas existem situações em que isso não é necessário. Assim, tão importante quanto ensinar que usamos o, a, os, as, um, uns, uma, umas, é necessário esclarecer as situações em que esses elementos são ou não empregados. A seguir apresentamos, o texto de uma aluna coreana que já havia estudado português por 200 horas.

Texto de uma aluna coreana

Meu nome é ****, eu sou coreana, eu nasci em cidade perto da Seul e agora moro em Curitiba. Eu quero trabalhar na empresa coreana.

Eu estou na Curitiba para estudar de português. Essa é segunda vez que eu vim para Brasil. No 2012 eu vim primeira vez e fiquei aqui 4 meses. Agora eu voltei para continuar estudar.

Eu falo inglês e um pouco português, eu gosto viajar, já fui Estados Unidos, China, Indonésia.

FONTE: Texto fornecido pela aluna.

É possível identificar, no texto escrito pela aluna, algumas inadequações quanto ao uso dos artigos. Percebe-se que ela está no processo de aquisição da língua portuguesa e apresenta certa dificuldade, mas sua escrita é compreensível e dá conta de expressar muitas informações. De qualquer modo, para que ela consiga elevar seu texto a um nível de proficiência intermediário, será necessário rever a utilização dos artigos.

Para auxiliar os alunos, o professor pode utilizar diferentes frases, de modo que eles possam compreender a diferença de sentido. Vejamos uma atividade de reflexão gramatical a seguir.

Reflexão gramatical sobre o uso de artigos e pronomes indefinidos

Existe alguma diferença entre as frases a seguir? Em que contexto elas podem ser empregadas?

3. Alunos de português.
4. Uns alunos de português.
5. Alguns alunos de português.
6. Os alunos de português.
7. O aluno Kim.

Dando continuidade à sequência das características apresentadas, discorreremos brevemente sobre a ordem das palavras nas frases.

A parte da gramática que estuda a combinação das palavras para formar frases gramaticalmente aceitas é a sintaxe. Algumas línguas podem apresentar grande diferença nesse quesito. Podemos mencionar o português e o japonês, mas outros idiomas, como o alemão, também demonstram significativa diferença. Em geral, o que causa maior estranhamento é a colocação do verbo na frase. Vejamos a sentença "Pedro gosta de manga" em algumas línguas:

> - Em japonês: ペドロはマンガが好き
>   Pronúncia – Pedoro wa manga ga suki.
>   Tradução seguindo a mesma sequência – Pedro (de) manga gosta.
> - Em alemão: Pedro mag manga.

Utilizamos a palavra *manga* como exemplo porque sua escrita e sua pronúncia em geral são mantidas nas mais diversas línguas do mundo e, assim, podemos identificar em que parte da frase ela está.

Na língua japonesa, existem algumas palavras (*wa* e *ga*) que são partículas e não apresentam uma tradução específica para o português. Trata-se de uma especificidade daquela língua. Podemos imaginar que apenas a mudança da posição entre o verbo e o objeto não seja algo tão difícil de aprender, mas a experiência de ensino-aprendizagem entre línguas com sintaxes diferentes geralmente mostra-se complexa.

Outro exemplo mais próximo é a posição entre o substantivo e o adjetivo. Na língua inglesa, a expressão *red book* significa *livro vermelho*. Da mesma forma como ocorre com os artigos, a maior dificuldade de aprendizagem não está na regra diferente, e sim nos casos de exceção. Em português, *livro vermelho* é uma sentença correta, enquanto *vermelho livro* é uma construção que causa estranhamento e é considerada incorreta. No entanto, contradizendo a regra, são possíveis as expressões *bonita camisa* e *camisa bonita*. Portanto, alguns adjetivos podem ser empregados antes ou depois do substantivo. Nesse caso, há uma pequena mudança de sentido: com o adjetivo anteposto, há maior ênfase e destaque sobre a beleza da camisa; ao passo que, com o adjetivo posposto, temos o sentido literal ou convencional.

É interessante observar diferenças que, embora aparentemente pequenas, podem causar grandes complicações, sobretudo para os alunos que nunca estudaram línguas estrangeiras. Quem aprende pela primeira vez um idioma não materno apresenta um grau de dificuldade bastante grande e, para ajudar os alunos que estão nessa situação, é necessário pensar em estratégias, exercícios e orientações adequados. Também é preciso considerar que o tempo de aprendizagem será muito maior para esses estudantes do que para os falantes de línguas próximas, como as neolatinas (espanhol, italiano e francês, entre outras).

A quarta característica a ser considerada refere-se à fonética e à prosódia. Faremos algumas observações a respeito do mandarim (a língua chinesa mais conhecida), pois se trata de uma língua tonal, o que implica significativas diferenças em relação ao português.

A maioria das línguas do mundo é tonal, mas as ocidentais mais conhecidas não o são. Uma língua tonal apresenta diferentes entonações da voz, que modificam o sentido das palavras. Na China, o idioma mais falado é o mandarim. Nós geralmente dizemos que lá se fala chinês, mas, nesse país, existem várias línguas ou dialetos. No entanto, a língua que a maioria do povo estuda na escola é o mandarim, embora em casa falem um único dialeto.

Os tons do mandarim são quatro, e podem ser representados em *pin yin* (uma escrita no alfabeto romano usada para ensinar a língua e representar a pronúncia em mandarim) com os seguintes sinais:

- primeiro tom: [–] (pronúncia alta e levemente prolongada);
- segundo tom: [´] (pronúncia ascendente, aumenta no final);
- terceiro tom: [v] (pronúncia descendente e ascendente: desce e sobe);
- quarto tom: [`] (pronúncia descendente, como se tivesse um ponto-final depois).

Esses sinais aparecem em cima de algumas vogais e identificam tipos de pronúncia. Como exemplo, podemos citar as quatro possibilidades para pronunciar o termo *ma*:

1. mā (mãe);
2. má (*cannabis*, uma planta);
3. mă (cavalo);
4. mà (xingar, dar bronca).

Com essa breve explicação, podemos ter uma ideia do que venha a ser, para um aluno chinês, aprender português. No entanto, as diferenças entre mandarim e português não param por aí. Outra grande mudança está na não distinção entre algumas consoantes, como t/d, p/b, k/g e a ausência do *r* intervocálico, o chamado *tepe*. É por isso que ouvimos frequentemente *lalanja*, em vez de *laranja*, pois, na ausência do *r*, usa-se o *l*, que é o fonema articulatoriamente mais próximo. É necessário fazer muitos exercícios de pronúncia para que esses alunos consigam diminuir as interferências entre as duas línguas.

Nesta seção, citamos apenas alguns pontos que consideramos importantes, mas existem muitos outros que poderiam ser mencionados. Nossa sugestão é que professores de PLE e PL2 pesquisem mais ou estudem a língua de seus alunos para orientá-los melhor.

trêspontocinco
Ensino de PLE e PL2 para falantes de línguas neolatinas

Nesta seção, discutiremos questões relacionadas ao ensino das línguas próximas ao português, especialmente o espanhol, dado que muitos estudantes de PLE e PL2 são hispanofalantes.

Existem dois temas bastante sensíveis quando pensamos no ensino-aprendizagem de PLE e PL2 por alunos falantes de línguas neolatinas: as questões relacionadas à pronúncia e aos falsos cognatos – palavras que se escrevem ou se pronunciam igualmente entre as línguas, mas que possuem significados diferentes.

Como a origem do espanhol e do português é a mesma – o latim – podemos identificar muitas semelhanças entre elas, sobretudo na forma escrita. O Quadro 3.3 ilustra essa situação, embora, às vezes, a correspondência não ocorra.

Quadro 3.3 – Semelhanças e diferenças entre algumas línguas neolatinas

Português	Espanhol	Italiano	Francês
mão	mano	mano	main
bom	bueno	buono	bon
vir	venir	venire	venir
Esse paralelismo, porém, às vezes, se desfaz.			
perigo	peligro	pericolo	danger
trabalho	trabajo	lavoro	travail
cão	perro	cane	chien
cachimbo	pipa	pipa	pipe
Sucede, ainda, por vezes, que as quatro palavras não possuam semelhança alguma entre elas.			
fechado	cerrado	chiuso	fermé

FONTE: Brito et al., 2010, p. 53.

Em razão das diferenças, é importante estudar ou sistematizar o funcionamento desses idiomas. Muitas pessoas provenientes de países de línguas neolatinas, quando chegam ao Brasil, não estudam português porque conseguem compreender relativamente bem seus interlocutores e, com isso, passam a desenvolver uma interlíngua para conversar. Essa possibilidade é muito proveitosa e favorável, pois, com pouco tempo de contato, essas pessoas conseguem se comunicar relativamente bem. Porém, essa aparente facilidade tem seu preço, visto que, com passar do tempo, nem todas as pessoas evoluem no aprendizado do idioma e passam a cristalizar determinadas formas.

Em comparação com o português, o espanhol tem menos fonemas, mas não devemos pensar que, por isso, nosso idioma é melhor. Ter um inventário fonético maior traz algumas vantagens para aprender outras línguas, o que ocorre com os idiomas eslavos. O russo, por exemplo, tem 33 letras em seu alfabeto, enquanto o português tem 26. De qualquer forma, cada língua tem a quantidade de fonemas ou letras suficientes para a construção de palavras e expressões de que necessitam seus falantes.

Confrontando o inventário fonético do português com o do espanhol, percebemos que há algumas diferenças, como a ausência, neste último, dos fonemas /z/ e /v/.

Por isso, para praticar com os alunos a diferença entre /s/ e /z/, é necessário que eles percebam que um som é surdo e o outro é sonoro. O professor pode pedir aos alunos que coloquem a mão próximo à garganta e tentem perceber que, na pronúncia do /z/, as cordas vocais vibram. A não distinção entre esses fonemas pode causar alguns tipos de confusão, como entre as palavras *casa* e *caça* ou entre os pares *causa* e *calça*.

Entre os fonemas /b/ e /v/, o que os alunos devem perceber é a necessidade de pressionar os lábios nos dentes quando pronunciam o /v/. A prática de pares mínimos também pode ser útil, como em *bela* e *vela*, tanto separadamente quanto em um contexto de frase: "Vou buscar a *vela*"; "Vou buscar a *bela*".

Os fonemas vocálicos também precisam ser praticados. É um trabalho semelhante ao que fazem os fonoaudiólogos, sendo necessário insistir com a pronúncia em vários momentos e em diversas aulas. Não é suficiente apenas dizer para os alunos como se pronuncia e achar que eles vão fazê-lo automaticamente. É preciso praticar com frequência.

Um exercício muito proveitoso é colocar a mão embaixo do queixo e iniciar com a pronúncia das seguintes vogais, nesta ordem: /u/, /o/ e /ɔ/ (como o primeiro *o* de *ovos*) e finalizar com /a/. Depois, /i/, /e/ e /ɛ/ (como em é) e finalizar com /a/. É possível perceber que o queixo vai baixando e, assim, pronunciam-se inicialmente as vogais mais altas, depois as médias e a vogal baixa /a/ no fim.

Vejamos como as vogais médias se comportam nos seguintes contextos: 1 ovo, 2 ovos; 1 porto, 2 portos; esse, essa; dele, dela. Não há acento para diferenciá-las, mas há mudança em suas pronúncias e isso torna a fala mais compreensível. A emissão das vogais médias /ɛ/ e /ɔ/ não é um desafio só para hispanos, mas para falantes de muitas outras línguas, por isso o professor deve insistir desde o início dos cursos ou das aulas. Porém, é preciso entender que existem momentos especiais para orientar os alunos quanto à pronúncia.

A abordagem de ensino comunicativa e as perspectivas de trabalho com textos não consideram que a prática da pronúncia e da entonação são prioritárias. Percebemos isso na elaboração das atividades com essas linhas teóricas. No entanto, é essencial que, no ensino de PLE e PL2, existam momentos de prática e de orientação desses itens.

Nesta seção, apresentamos comentários sobre algumas diferenças pontuais entre línguas próximas e distantes do português e algumas de suas implicações para o ensino. Existem muitas outras questões que precisam ser estudadas.

Síntese

Neste capítulo, observamos que as línguas apresentam semelhanças e diferenças. É com base nas primeiras – ou no que há de universal entre os povos – que podemos organizar ou iniciar as práticas de ensino de línguas. Alguns costumes e hábitos são comuns a todos, como a culinária, o trabalho, as festas e os rituais, e todos têm algo a dizer sobre isso. No entanto, os desafios para o processo de ensino-aprendizagem encontram-se nas diferenças e, mais do que isso, na aceitação do novo.

Vimos também que existem línguas mais próximas e outras mais distantes da nossa e que a comunicação humana é bastante complexa, motivo pelo qual é necessário planejar e observar com cuidado tudo o que será proposto nas aulas. Essa complexidade envolve tanto elementos culturais quanto linguísticos, os quais são indissociáveis, pois ambos são importantes e devem ser levados em consideração.

As questões culturais permeiam todas as atividades, porém são mais sutis, ao passo que as questões linguísticas são mais visíveis e, de certa forma, mais concretas. Existem momentos apropriados para explorar cada uma delas. Nesse sentido, a sensibilidade dos professores para atuar como mediadores de conhecimentos é fundamental para o sucesso da aprendizagem dos alunos.

Indicações culturais

Livros

BRITO, A. M. et al. **Gramática comparativa Houaiss:** quatro línguas românicas – português, espanhol, italiano e francês. São Paulo: Publifolha, 2010.

CARVALHO, O. L. S.; BAGNO, M. **Gramatica brasileña para hablantes de español.** São Paulo: Parábola, 2015.

Sugerimos esses dois livros para estudos complementares sobre as comparações entre as línguas neolatinas (principalmente a espanhola) e a língua portuguesa.

Vídeos

AILEEN. **Coreano para iniciantes:** aula 1 (introdução). 2017. Disponível em: <www.youtube.com/watch?v=aT5igzn8Sys>. Acesso em: 7 nov. 2018.

NIHONGO NINJA. **Aprenda o hiragana (ひらがな):** a, i, u, e, o - #1. 2015. Disponível em: <www.youtube.com/watch?v=ujxAADBOON8>. Acesso em: 7 nov. 2018.

PROFESSORA CHEN. **Aula de mandarim:** básico – aula 1 – chinês é simples – resumo sobre o idioma mandarim. 2015. Disponível em: <www.youtube.com/watch?v=JSMD79nxJAo>. Acesso em: 7 nov. 2018.

SPEAKIT. **Japonês.** 2012. Disponível em: <www.youtube.com/watch?v=hEysuWA8NVc>. Acesso em: 7 nov. 2018.

Sugerimos vídeos que podem auxiliar a conhecer um pouco mais sobre algumas línguas distantes do português.

Atividades de autoavaliação

1. Nas aulas de PLE e PL2, há um grande contato entre pessoas de vários lugares e, consequentemente, de culturas distintas. Essa relação pode ser muito interessante e, ao mesmo tempo, complexa e desafiadora.

   Sobre o processo de ensino-aprendizagem intercultural, analise se as afirmativas a seguir e marque V para as verdadeiras e F para as falsas.

   (   ) A abordagem comunicativa tem grande aceitação de conteúdos culturais e considera a competência intercultural um dos quesitos para a construção da comunicação.

   (   ) A visão de que a cultura dos povos é transmitida sistematicamente como blocos isolados durante a aprendizagem de uma língua é uma concepção conservadora e limitada do processo de ensino-aprendizagem.

   (   ) Embora os diversos povos tenham desenvolvido, ao longo da História, diferentes costumes e hábitos, há muito em comum entre todos eles.

   (   ) A comunicação humana não está restrita à verbalização de palavras, pois gestos e sinais são parte significativa da relação entre as pessoas.

   Assinale a alternativa que corresponde à sequência correta:

   a. V, F, V, V.
   b. V, F, F, V.
   c. V, V, V, V.
   d. V, V, F, V.

2. Existem muitos desafios para o ensino intercultural, pois a cultura é recriada e reconstruída constantemente de um modo flexível. Não temos um objeto de estudo mensurável e concreto. Diante disso, os professores precisam ser cautelosos e procurar a mediação e a colaboração dos alunos.

Sobre os desafios para o ensino intercultural, analise as afirmativas e marque V para as verdadeiras e F para as falsas.

( ) As aulas expositivas sobre cultura são práticas ideais para que os alunos entendam como as pessoas vivem e se expressam.

( ) As aulas de PLE e PL2 costumam ser harmoniosas e ricas em trocas culturais, além de que nunca surgem situações conflituosas, sendo, na maioria das vezes, divertidas e agradáveis.

( ) A participação do professor como mediador é muito importante para a percepção das diferentes culturas e para não criar visões estereotipadas e limitadoras.

( ) Existem diversas maneiras de o professor atuar em sala de aula, considerando diferentes modos de ver e de agir dos alunos. Essa atuação pode ser imparcial, neutra, de conscientização e mediação ou parcial e de julgamento.

Assinale a alternativa que corresponde à sequência correta:
a. F, V, V, F.
b. F, F, V, V.
c. V, F, V, F.
d. F, V, F, V.

3. O que entendemos como ideal e adequado sobre a aprendizagem de línguas pode não ser compreendido do mesmo modo por todos os participantes desse processo. Do ponto de vista

docente, podemos achar que o melhor método é *x* ou *y*, mas os alunos podem entender de outro modo. Isso ocorre porque as crenças sobre a aprendizagem podem ser determinadas por inúmeros fatores, principalmente as influências sociopolíticas e educacionais de um povo.

Associe corretamente os pensamentos socráticos e confucionista a suas respectivas características.

1. Pensamento socrático.
2. Pensamento confucionista.

( ) Incentiva o questionamento.
( ) Valoriza o respeito às regras e a continuidade dos costumes e das tradições.
( ) Incentiva a expressão da opinião e das ideias.
( ) Incentiva o profundo respeito à nação, à educação e à família.

Assinale a alternativa que corresponde à sequência correta:

a. 1, 2, 1, 2.
b. 1, 1, 1, 2.
c. 2, 1, 2, 1.
d. 2, 2, 1, 2.

4. Nas aulas de PLE e PL2, pode haver alunos que não utilizam o alfabeto português. Esse fator certamente constitui-se em um grande desafio e influencia o ritmo da aprendizagem.

Sobre o que um professor de PLE e PL2 para alunos de línguas distantes deve observar, analise as afirmativas a seguir e marque V para as verdadeiras e F para as falsas.

( ) Uma preocupação constante é observar as necessidades e os interesses dos alunos e seu modo de ver e entender as coisas.
( ) Todas as línguas têm a mesma configuração sintática, por isso, não é necessário ensinar estratégias de entendimento da ordem das palavras nas frases.
( ) Aparentemente, a pronúncia e a entonação são os elementos menos significativos entre as dificuldades dos alunos em aprender uma nova língua.
( ) Algumas línguas não usam artigos, a exemplo do mandarim, do japonês e do coreano.

Assinale a alternativa que corresponde à sequência correta:
a. V, F, V, V.
b. F, V, V, F.
c. F, V, V, V.
d. V, F, F, V.

5. As línguas neolatinas são provenientes de transformações ocorridas durante séculos em algumas localidades que pertenceram ao Império Romano e tinham como língua o latim.

Sobre o processo de ensino-aprendizagem de PLE/PL2 para falantes de línguas neolatinas, analise as afirmativas a seguir e marque V para as verdadeiras e F para as falsas.

( ) Aprender português para quem fala espanhol é muito mais rápido, e os alunos atingem níveis de proficiência com maior facilidade e aproveitamento do que aqueles que falam outras línguas.
( ) Há muitas semelhanças entre o léxico das línguas neolatinas. A maior parte do vocabulário tem a mesma origem e permanece com essas características.

( ) Embora sejam línguas parentes entre si, as neolatinas contém algumas palavras que não possuem semelhanças.

( ) Consideramos línguas neolatinas o espanhol, o português, o italiano, o francês, o romeno e o inglês.

Assinale a alternativa que corresponde à sequência correta:

a. V, F, V, V.
b. F, V, V, V.
c. F, V, V, F.
d. V, V, F, F.

Atividades de aprendizagem

Questões para reflexão

1. Quais são os maiores desafios para o ensino-aprendizagem de PLE e PL2 para falantes de línguas distantes?

2. Como seria a comunicação entre professores e alunos no início do curso de PLE e PL2 para falantes de línguas distantes? Como é possível intermediar o conhecimento sem ter uma língua em comum?

Atividade aplicada: prática

1. Faça uma lista com prováveis dificuldades linguísticas e desafios referentes ao ensino-aprendizagem de PLE e PL2. Aponte qual é a língua e qual é a dificuldade que os alunos apresentam com frequência. Procure itens que não foram citados neste capítulo.

um   Aquisição de língua estrangeira: reflexões sobre o ensino-aprendizagem de PLE/PL2
dois   Abordagens metodológicas para o ensino de PLE/PL2
três   Diversidade cultural e linguística nas aulas de PLE/PL2

quatro   Efeitos retroativos do exame Celpe-Bras no ensino de PLE e PL2 e na organização de cursos e programas

cinco   Planejamento e elaboração de cursos e aulas de PLE/PL2
seis   Variação linguística e ensino de PLE/PL2

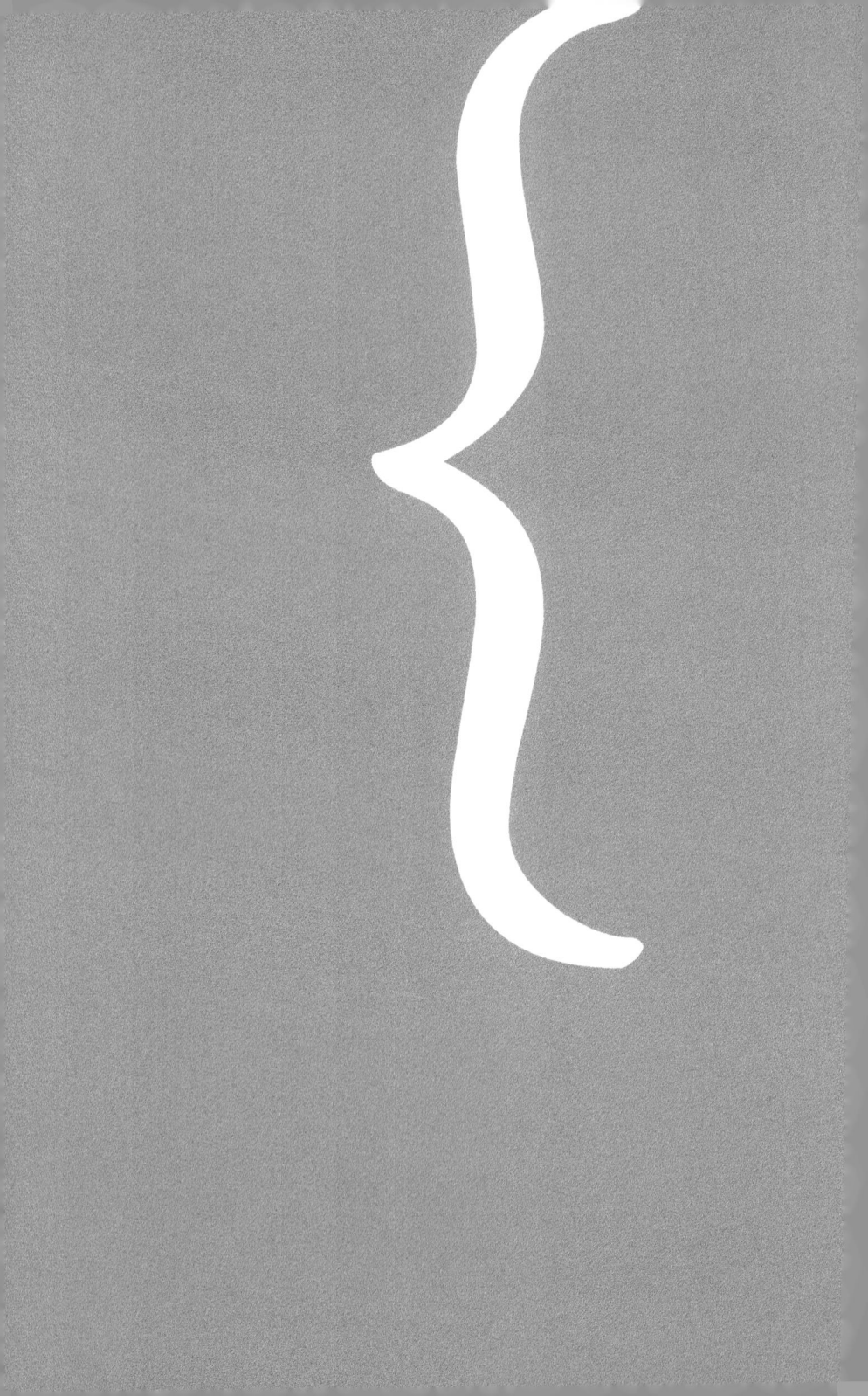

{

❰ COMO ESTAMOS TRATANDO de metodologias de ensino de português língua estrangeira (PLE) e português segunda língua (PL2), também precisamos mencionar a importância da Certificação de Proficiência em Língua Portuguesa para Estrangeiros (Celpe-Bras). Esse exame foi criado em 1998 e é exigido para que estrangeiros possam estudar no Brasil e para que alguns profissionais estrangeiros atuem em nosso país, como no caso de médicos que necessitam obter o nível intermediário superior. Estudantes de pós-graduação em universidades federais também precisam ser aprovados nesse exame para concluir seus cursos. O Celpe-Bras é realizado, ainda, por pessoas que falam e escrevem em português por questões profissionais ou educacionais e têm interesse em fazer a certificação.

Pode parecer estranho um exame de proficiência exercer tanta influência nas práticas de ensino e nos programas de curso de uma língua. Porém, o Celpe-Bras também tem como objetivo fornecer parâmetros teórico-metodológicos para o planejamento e a organização de cursos de PLE e PL2. O principal motivo pelo qual o exame foi criado é a avaliação de proficiência em língua portuguesa de alunos do Programa de Estudantes-Convênio de Graduação (Pec-G). Esse programa tem por objetivo oferecer "oportunidades de formação superior a cidadãos de países em desenvolvimento com os quais o Brasil mantém acordos educacionais e culturais" (Brasil, 2018b). Para ser considerado apto a estudar nas universidades conveniadas, o estudante precisa ter proficiência em língua portuguesa, sendo exigido o nível intermediário.

Neste capítulo, além de discorrermos sobre o que é o exame Celpe-Bras e como é sua aplicação, discutiremos como ele tem contribuído para estudos, planejamento de cursos e organização de aulas de PLE e PL2.

quatropontoum
O que é o exame Celpe-Bras?

Os exames de proficiência têm caráter oficial e possuem algumas etapas sistematicamente organizadas. Em geral, avaliam habilidades orais e escritas de compreensão e produção de textos, diferentemente dos testes de suficiência, que aferem apenas a capacidade de leitura em língua estrangeira.

É o Ministério da Educação (MEC), com o apoio do Ministério das Relações Exteriores (MRE), que desenvolve e outorga o Celpe-Bras, o qual é aplicado no Brasil e em vários países em locais credenciados. No ano de 2018, participaram 28 postos no Brasil e 60 no exterior (Brasil, 2018c). A procura por esse exame vem crescendo muito a cada ano, o que vem incentivando a abertura de novos postos aplicadores, principalmente no Brasil, segundo o portal do Instituto Nacional de Estudos e Pesquisas Educacionais Anísio Teixeira – Inep (Brasil, 2018a).

Embora seja aplicado em 36 países, a grande maioria dos candidatos é proveniente de nações falantes de língua espanhola. Os níveis de proficiência certificados pelo exame são os mostrados no Gráfico 4.1:

GRÁFICO 4.1 – NÍVEIS DE PROFICIÊNCIA DO EXAME CELPE-BRAS

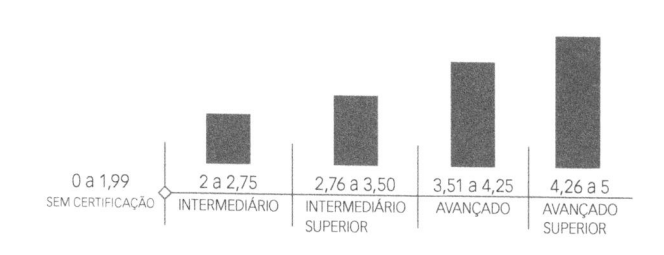

FONTE: Brasil, 2018a.

Em um único exame, são avaliados todos os níveis. A pontuação até 1,99 é considerada nível básico e não recebe o certificado. O Celp-Bras é realizado em duas etapas:

1. parte coletiva (escrita);
2. parte individual (oral).

A parte coletiva tem duração de 3 horas e os candidatos precisam escrever 4 textos. Vejamos no Quadro 4.1 as especificações dessa parte da prova.

Quadro 4.1 – Parte escrita do exame Celpe-Bras

Tarefa	Texto-base	Habilidades envolvidas	Tempo de realização
1	Vídeo	Compreensão oral e Produção escrita	30 minutos
2	Áudio	Compreensão oral e Produção escrita	2 horas e 30 minutos
3	Texto escrito	Compreensão escrita e Produção escrita	
4	Texto escrito	Compreensão escrita e Produção escrita	

FONTE: Brasil, 2013, p. 9.

Na parte individual, é necessário participar de uma interação ou conversa com um professor durante 20 minutos. Em um primeiro momento, o candidato é convidado a se apresentar, dispondo de 5 minutos para isso. Na sequência, ele deve ler um pequeno cartaz com informações retiradas de revistas, de jornais ou da internet sobre assuntos cotidianos e da mídia em geral para, então, iniciar uma conversa sobre o assunto. Esse procedimento é repetido três vezes, e com duração de 5 minutos. Os temas são relativamente conhecidos e, em geral, abordam conteúdos sobre turismo, viagens, comportamento, trabalho, estudo, relação familiar, meio ambiente e mobilidade*.

O Quadro 4.2 apresenta um resumo do procedimento da parte oral do exame.

QUADRO 4.2 – PARTE ORAL DO EXAME CELPE-BRAS

Etapa	Conteúdo da Interação	Habilidades Envolvidas	Tempo
1	Conversa sobre interesses pessoais do examinando com base nas informações obtidas nos formulários de inscrição.	Compreensão oral e Produção oral	5 minutos
2	Conversa sobre tópicos do cotidiano e de interesse geral com base em três Elementos Provocadores.	Compreensão escrita/oral e Produção oral	15 minutos (cinco minutos para cada Elemento Provocador)

FONTE: Brasil, 2013, p. 10.

Nas próximas seções, apresentaremos mais informações sobre as partes coletiva e individual do exame.

---

* Você poderá ter acesso ao acervo do exame no site da Universidade Federal do Rio Grande do Sul (UFRGS). Disponível em: <www.ufrgs.br/acervocelpebras/acervo>. Acesso em: 23 nov. 2018.

quatropontodois
Concepções teóricas do exame Celpe-Bras

Trataremos agora das concepções teóricas do exame Celpe-Bras a fim de entender de que maneira ele contribui para os cursos de PLE e PL2.

O Celpe-Bras foi realizado pela primeira vez em 1998, mas, antes disso, professores especialistas no ensino de PLE e PL2 e professores funcionários do MEC iniciaram estudos e discussões sobre como poderiam desenvolver um exame de proficiência de língua portuguesa. De acordo com a professora Margarete Schllater (1988):

> *A elaboração de um exame de proficiência era um desejo antigo dos profissionais da área de português para estrangeiros, na medida em que poderia servir como referência de proficiência de língua portuguesa tanto para professores de português/língua estrangeira como para estrangeiros que quisessem ou necessitassem comprovar o seu conhecimento da língua. Na verdade, um exame desta natureza já havia sido elaborado na Unicamp pelos professores Leonor C. Lombello, José Carlos Paes de Almeida Filho, Itacira Araújo Ferreira e Matilde Scaramucci. Foi a partir do trabalho desses professores que iniciamos a elaboração do Celpe-Bras.*

A Sociedade Internacional de Professores de Português Língua Estrangeira (Siple) é uma organização que promove eventos anuais para fomentar a discussão e a troca de informações nessa área de ensino.

Os desafios para a criação desse exame desde o início mostraram-se muito grandes, pois realizar uma certificação desse porte envolve o trabalho de muitas pessoas e necessita ser muito bem pensado, para que, efetivamente, resulte em aferições adequadas quanto ao nível de proficiência dos alunos. Além disso, o Celpe-Bras tem como fundamentos os conceitos de uso da linguagem e de gêneros do discurso. Uma preocupação central do exame é colocar o candidato em situações significativas de comunicação. O conceito que fundamenta o Celpe-Bras é "o uso adequado da língua para desempenhar ações no mundo" (Brasil, 2013, p. 8 grifo do original).

De acordo com o texto sobre a história do Celpe-Bras disponível no *site* da Universidade Federal do Rio Grande do Sul (UFRGS, 2018), desejava-se um exame que pudesse dar conta de alguns itens, como a análise "por meio do desempenho dos candidatos em tarefas o mais próximo possível de usos autênticos da língua".

Nesse primeiro item, podemos observar algumas palavras e expressões que dão pistas importantes sobre os objetivos e as linhas teóricas do exame, como *desempenho, tarefas* e *usos autênticos da língua*.

Na avaliação de desempenho, é levado em consideração apenas o que o candidato conseguir produzir no momento do exame e sua capacidade comunicativa. Se os professores aplicadores do exame conhecem o candidato e acompanharam o desenvolvimento de sua aprendizagem, existe o risco de serem influenciados pelo que já sabem do avaliado e de seu percurso como aprendiz. Essa é uma preocupação a ser considerada, pois, em muitos postos aplicadores do exame, os candidatos também são estudantes e já tiveram contato com quem aplica a prova. Por isso, é importante sempre lembrar que se trata de um exame de desempenho, o que implica avaliar somente o que ocorre no momento da prova. Também é necessário aferir a capacidade de o postulante expressar ideias, argumentar e interagir. Segundo Scaramucci (2003, p. 155), "o exame está centrado no desenvolvimento de uma competência de uso que requer muito mais do que a manipulação de formas e regras linguísticas, exigindo também o conhecimento de regras de comunicação e de formas que sejam não apenas gramaticalmente corretas, mas socialmente adequadas".

A outra palavra em destaque é *tarefa*, que, nesse caso, não está relacionada aos exercícios ou aos trabalhos que os alunos levam para fazer em casa. *Tarefa*, aqui, é algo que está diretamente ligado à produção de textos escritos, pois, na prova coletiva, os candidatos precisam escrever quatro tarefas de uma página cada.

O conceito de tarefa está presente no ensino de línguas estrangeiras por conta do trabalho de autores como David Nunan (1989) e Rod Ellis (1997), que desenvolveram estudos relacionados a esse tema. *Produzir uma tarefa* significa elaborar um texto no qual devem estar claros os papéis do enunciador e do interlocutor, os objetivos do texto e o espaço social em que circulará. Para realizar uma tarefa no exame Celpe-Bras, o candidato precisa, antes, ter contato com outro conteúdo (um vídeo, na primeira tarefa; um áudio, na segunda; e um texto escrito, na terceira e na quarta tarefas). Além disso, as composições precisam ser escritas de acordo com o que é solicitado no enunciado. Caso o candidato não cumpra o que foi exigido, o texto é eliminado, mesmo que esteja bem redigido e discursivamente adequado. Isso implica adaptar o registro, que pode ser formal ou informal. Em uma carta para um amigo, é possível empregar expressões mais coloquiais e pronomes como *você* ou *tu*, mas, em uma solicitação para o diretor de uma empresa, são necessárias outras formas de tratamento.

Como podemos ver, a produção de uma tarefa de texto envolve conhecimentos relacionados à produção de diversos gêneros discursivos e à leitura de textos autênticos, isto é, documentos que circulam na sociedade e não foram escritos para fins educacionais e de avaliação, trabalhando, portanto, com *usos autênticos da língua*. Essas são, portanto, as principais bases teóricas do Celpe-Bras. No momento atual, esses tópicos já não são novidades para o ensino, mas, no início da década de 1990, a proposta do exame era bastante inovadora.

Outro item que dá um sentido de inovação ao Celpe-Bras é a avaliação holística. Trataremos mais detalhadamente sobre esse assunto na próxima seção. Em linhas gerais, esse tipo de avaliação é diferente dos testes com questões de múltipla escolha, que são corrigidos de forma automática. Por isso, é necessário que os avaliadores sejam professores de português para estrangeiros e conheçam bem a estrutura do exame.

De modo geral, a certificação é considerada comunicativa e aparentemente transita por práticas relacionadas aos gêneros discursivos e à interculturalidade.

Porém, o exame também recebe críticas, principalmente porque, muitas vezes, não cria situações autênticas de uso. É comum candidatos reclamarem do grau de dificuldade da prova e da artificialidade em ter de escrever um texto colocando-se no lugar de alguém que jamais imaginaram ser. Vejamos um exemplo de enunciado de tarefa da edição 2016/1.

> ### Tarefa 3 da edição 2016/1 do exame Celpe-Bras
>
> Você é gerente de recursos humanos e leu a reportagem "Meu escritório é em casa" sobre o modelo de *home office*. Escreva um texto ao seu diretor para convencê-lo de que a ideia poderia ser implementada em sua empresa. Em seu texto, explique essa modalidade de trabalho, as vantagens para o funcionário e para a empresa, assim como os aspectos legais envolvidos.

FONTE: Brasil, 2016, p. 6.

Nessa tarefa observamos que o locutor do texto precisa imaginar-ser como um gerente de recursos humanos cujo objetivo é convencer o diretor da empresa a implementar um projeto descrito em uma matéria de uma revista. Essa situação geralmente assusta os candidatos, mas, na verdade, a principal intenção parece ser avaliar a capacidade de argumentação, e o mais difícil talvez seja apresentar ideias convincentes e adequadas ao propósito da matéria. Além disso, é necessário entender bem o texto que fornece os dados para a elaboração da tarefa.

Outra crítica frequente ao exame está relacionada a uma questão complexa: a participação de candidatos lusófonos – como cidadãos de países que falam português, entre eles angolanos, timorenses, cabo-verdianos e moçambicanos. Trata-se de uma questão complicada e coincide com duas discussões maiores: se todos os países lusófonos falam o mesmo idioma e se o português brasileiro, nesse caso, é ou não outra língua.

Outro desafio para a funcionalidade do exame é a dificuldade em formar aplicadores, sobretudo os que vivem fora do país. Algumas iniciativas contribuíram muito para tentar resolver esse problema, como o encontro de capacitação de aplicadores em Brasília, em 2013, a realização do Simpósio Internacional Celpe-Bras (Sincelpe) em diferentes universidades e o curso *on-line* de formação de aplicadores para o exame, obrigatório para quem participa da certificação como entrevistador e observador.

quatropontotrês
Impressões sobre a avaliação holística

Para a avaliação da parte oral do exame Celpe-Bras, cada envolvido deve preencher sua grade específica: entrevistador e candidato. As grades diferem entre si porque têm propósitos diferentes. A do entrevistador é a chamada *grade holística*, que avalia de um modo mais abrangente – por isso *holística* – o desempenho do avaliado. O entrevistador tem três preocupações principais: fazer as perguntas, interagir com o candidato e, perceber sua produção oral para então atribuir-lhe um conceito. Quando falamos em *avaliação holística*, geralmente imaginamos uma prova sem critérios pontuais ou rígidos, mas, no caso do Celpe-Bras, existem fundamentos definidos que consideram a percepção global de interação e a capacidade comunicativa do candidato.

O processo de avaliação holística pode levar a questionamentos sobre sua viabilidade e confiabilidade. Trata-se de um item que suscita a dúvida sobre como é possível aplicar critérios pontuais nesse tipo de avaliação.

Apresentamos no Quadro 4.3 a grade de avaliação do professor entrevistador. Após 20 minutos de conversa, seguindo um roteiro de perguntas que pode ser alterado e adaptado dependendo da situação, mas que precisa ser considerado, o aplicador deve escolher, na grade, entre os itens descritos, aquele que mais se aproxima do desempenho do candidato.

QUADRO 4.3 – GRADE DE AVALIAÇÃO DA PARTE ORAL – FICHA DO ENTREVISTADOR*

GRADE DE AVALIAÇÃO DA INTERAÇÃO FACE A FACE	
Nota	Descrição do desempenho do examinando
5	Quando o examinando demonstra autonomia e desenvoltura, contribuindo bastante para o desenvolvimento da interação. Sua produção apresenta fluência e variedade ampla de vocabulário e de estruturas, com raras inadequações. Sua pronúncia é adequada e demonstra compreensão do fluxo natural da fala.

(continua)

---

* Essa grade pode apresentar alterações em outras versões do exame.

(Quadro 4.3 – continuação)

GRADE DE AVALIAÇÃO DA INTERAÇÃO FACE A FACE	
Nota	Descrição do desempenho do examinando
4	Quando o examinando demonstra autonomia e desenvoltura, contribuindo para o desenvolvimento da interação. Sua produção apresenta fluência e variedade ampla de vocabulário e de estruturas, com inadequações ocasionais na comunicação. Sua pronúncia pode apresentar algumas inadequações. Demonstra compreensão do fluxo natural da fala.
3	Quando o examinando contribui para o desenvolvimento da interação. Sua produção apresenta fluência, mas também algumas inadequações de vocabulário, estruturas e/ou pronúncia. Demonstra compreensão do fluxo natural da fala.
2	Quando o examinando contribui para o desenvolvimento da interação. Apresenta poucas hesitações, com algumas interrupções no fluxo da conversa. Sua produção apresenta inadequações de vocabulário, estruturas e/ou pronúncia. Pode demonstrar alguns problemas de compreensão do fluxo da fala.
1	Quando o examinando contribui pouco para o desenvolvimento da interação. Sua produção apresenta muitas pausas e hesitações, ocasionando interrupções no fluxo da conversa ou apresenta alternância no fluxo de fala entre língua portuguesa e outra língua. Apresenta muitas limitações e/ou inadequações de vocabulário, estruturas e/ou pronúncia. Demonstra problemas de compreensão do fluxo natural da fala.

(Quadro 4.3 – conclusão)

GRADE DE AVALIAÇÃO DA INTERAÇÃO FACE A FACE	
Nota	Descrição do desempenho do examinando
0	Quando o examinando raramente contribui para o desenvolvimento da interação. Sua produção apresenta pausas e hesitações muito frequentes, que interrompem o fluxo da conversa, ou apresenta fluxo de fala em outra língua. Apresenta muitas limitações e/ou inadequações de vocabulário, estruturas e/ou pronúncia, que comprometem a comunicação. Demonstra problemas de compreensão de fala simplificada e pausada.

FONTE: Brasil, 2013, p. 15.

Analisando a grade de avaliação, observamos que existe uma breve descrição para cada um dos níveis. Para o nível 0, encontramos a seguinte descrição:

> *Quando o examinando raramente contribui para o desenvolvimento da interação. Sua produção apresenta pausas e hesitações muito frequentes, que interrompem o fluxo da conversa, ou apresenta fluxo de fala em outra língua. Apresenta muitas limitações e/ou inadequações de vocabulário, estruturas e/ou pronúncia, que comprometem a comunicação. Demonstra problemas de compreensão de fala simplificada e pausada.* (Brasil, 2013, p. 15)

Essas informações estão condizentes com a produção de um candidato iniciante ou que estudou português por um curto período e tem dificuldade para manter uma interação por um tempo relativamente longo – 20 minutos – falando e argumentando sobre questões que exigem um desempenho considerável.

No descritor do nível máximo, que corresponde à nota 5, estão presentes características de um falante proficiente, ou seja, que apresenta desenvoltura e autonomia e contribui bastante para o desenvolvimento da interação. Além disso, é necessário ter ampla variedade de vocabulário e de estruturas e raras inadequações ou interferências de outras línguas. Podemos notar que em todo o descritor não aparece a palavra *erro*, e sim os termos *inadequações* e *interferências*. Convém observar, ainda, que mesmo no nível de proficiência avançado superior não é esperada uma fala idealizada ou isenta de qualquer interferência ou inadequação. Nesse nível, também não é conveniente ter um falante nativo como modelo.

Existe, em cada descrição dos níveis, a preocupação em chamar a atenção para diferentes quesitos: alguns mais destinados à competência interacional e, outros, à competência gramatical, de modo a haver uma mistura de itens a serem observados. A competência intercultural também tem bastante espaço nessa avaliação, à medida que são feitas perguntas para que o aluno possa expressar seu ponto de vista e descrever como vê o assunto no Brasil e em seu país ou cidade. Na parte oral, não existem respostas certas ou erradas nem conceitos ou pontos de vista não apropriados. Os candidatos são livres para apresentar suas opiniões e dizer se concordam ou não com a questão ou se a consideram boa ou ruim, certa ou errada. No entanto, o que está sendo avaliado é a capacidade de expressar seus pensamentos, de argumentar, de descrever e de interagir com outra pessoa.

Ainda pode ocorrer a seguinte situação: e se o candidato for tímido e não gostar de falar? Nesse caso, ele deve fazer um esforço, porque se trata de uma avaliação de proficiência em língua. Antes de a certificação começar, os examinadores são orientados a perguntar se a pessoa conhece a prova ou se tem ideia de como deve proceder. Nesse momento, os candidatos são informados de que devem contribuir com as questões, e não dar respostas curtas, mas procurar falar bastante e explicar seu ponto de vista.

É possível que algumas situações difíceis possam ocorrer, como os candidatos que não conseguem falar ou não evoluem na interação. Em casos assim, o entrevistador deve ter muita sensibilidade, demonstrar calma e dispor de um grande rol de perguntas para estimular o candidato a se expressar. A função do entrevistador é auxiliar para que a conversa seja interessante e ocorra a interação.

Existem perguntas mais fáceis e outras mais difíceis que são feitas observando-se o potencial do candidato. Fazer apenas questões simples pode limitar o aluno e, com isso, não permitir que ele demonstre até que nível pode chegar em uma interação. Do mesmo modo, fazer apenas questões complexas para pessoas que não sabem muito também é limitador, pois é possível que os candidatos não consigam desenvolver nem mesmo uma conversa utilizando estruturas básicas.

Todas as entrevistas do exame são gravadas e, caso o candidato não consiga desenvolver uma conversa, isso deve ser registrado na ata que acompanha cada dupla de aplicadores da certificação. Os organizadores da prova têm acesso a todos os áudios gravados e, se houver discrepância entre as notas ou qualquer outra necessidade, podem escutar a entrevista e analisá-la. O que os professores mais relatam, porém, são conversas muito agradáveis e o contato com pessoas interessantes com opiniões diversas e, até mesmo, situações divertidas, embora seja um momento de avaliação.

Voltando à grade holística de avaliação da parte oral, costuma ser mais fácil identificar os níveis 0 e 5, conforme explicado anteriormente, e torna-se muito difícil discernir parâmetros intermediários ou áreas de intersecção entre os níveis. E é justamente nos níveis intermediários que está a maior parte dos candidatos.

Outra dificuldade é aplicar a mesma grade para asiáticos e hispanofalantes de línguas próximas e línguas distantes. Uma situação que pode ocorrer é quando o avaliador é fluente na língua materna do aluno e, com isso, pode compreender mais facilmente o que o candidato está falando. Existem muitas questões que podem surgir e o assunto ainda requer estudo e reflexão. De qualquer modo, o exame Celpe-Bras busca uma forma de avaliação bastante inovadora, mesmo considerando a abrangência de sua realização.

Para quem estuda sobre o ensino de PLE e PL2 e para quem já trabalha na área, é fundamental ampliar os conhecimentos sobre o exame Celpe-Bras ou acompanhar os estudos e os artigos que são publicados frequentemente sobre o assunto.

quatropontoquatro
Preparação de alunos para o exame Celpe-Bras

Muito se questiona sobre a realização de cursos preparatórios para um exame de proficiência, mas, em muitos casos, existe a necessidade de o indivíduo poder atuar profissionalmente no Brasil e a urgência em conseguir a aprovação no exame.

A crítica em desenvolver um curso que prepare candidatos ao exame está no fornecimento de sugestões ou dicas que contribuam para eles serem aprovados, mas não configuram em melhora efetiva da proficiência na língua. O exame Celpe-Bras talvez não se enquadre no estilo de prova que permita esse tipo de conhecimento rápido ou de memorizações de regras. O próprio formato do exame exige o desenvolvimento do potencial comunicativo, seja da oralidade, seja da escrita. Em aulas ou cursos que preparem para essa prova, inevitavelmente praticam-se as habilidades de compreensão e de produção de textos que certamente serão úteis para quem convive socialmente e pretende desempenhar funções laborais e educacionais.

Quando iniciamos cursos de línguas, de modo geral, aprendemos muito nos primeiros níveis. Porém, quando atingimos um conhecimento intermediário, percebemos que a evolução parece ser menor e, com isso, muitas pessoas se sentem desmotivadas. Nesses casos, é bastante favorável ter um objetivo a ser atingido, por exemplo, um exame de proficiência, e, assim, ampliar a competência comunicativa e o conhecimento cultural.

A seguir, listamos algumas sugestões para o aluno se preparar bem para a prova:

- ler periódicos que circulam no Brasil, como jornais e revistas;
- acessar informações disponíveis na internet em sites escritos em português;
- ouvir música brasileira;
- ler textos diversos, literários ou informativos;
- falar com brasileiros e praticar a dinâmica da conversação em português;
- fazer cursos de língua que pratiquem a conversação, a leitura e a produção de textos diversos.

Como vimos, nas indicações de atividades, é necessário que o candidato procure ler, assistir a vídeos, escutar músicas e ter contato com diversos textos da internet. O convívio com conteúdos variados e a percepção de como eles são constituídos também são formas de se preparar. Para isso, os professores não devem insistir com os alunos para que escrevam. Essa é uma habilidade que precisa ser praticada intensamente. Como dissemos, é possível ter acesso a todas as provas passadas e praticar a produção de diversos gêneros textuais. Melhor do que dar uma receita das características dos textos é pedir aos alunos que analisem e construam sua visão sobre os formatos possíveis. Além disso, é preciso observar com muito cuidado as solicitações dos enunciados das tarefas e praticar os componentes dos textos.

Para a parte oral, é necessário praticar com os alunos muitas vezes para que eles se sintam seguros no momento da prova. A primeira parte, que consiste em falar sobre si mesmo, pode ser pensada anteriormente, mas o candidato deve estar preparado porque os entrevistadores podem fazer perguntas, sobretudo se observarem que foi tudo decorado ou memorizado. As questões dos elementos provocadores costumam seguir um formato específico: inicialmente, abordam o tema do conteúdo mostrado, que geralmente é um texto curto e com imagens. O candidato tem 1 minuto para ler e pensar no que pode falar sobre aquele tema, para então iniciar a conversa e seguir por mais 4 minutos.

Também é muito importante praticar com os alunos algumas expressões que são usadas durante as falas. Ao observarmos como as pessoas conversam normalmente, percebemos que elas utilizam palavras que não têm um significado específico, mas ajudam a organizar o discurso e a dar continuidade ou terminar o turno da fala, ou seja, permitem à pessoa demonstrar que quer participar da conversa ou preparar o que quer dizer. Essas palavras e expressões são os chamados *marcadores discursivos*. Para os professores, é essencial observar como as pessoas se comunicam na linguagem oral e informal. Com isso, pode-se perceber que há muitas repetições, silêncios e a utilização de expressões variadas. No Quadro 4.4, vemos alguns exemplos.

Quadro 4.4 – Marcadores discursivos

Para iniciar a conversa	Para manter o turno da fala	Para finalizar a conversa
bom... bem... seguinte... por exemplo... certo... então... você sabia que... beleza, cara... e aí, beleza... pois é... principalmente... sim, mas... pra mim... pode ser que...	...é... ...é claro... ...exato... ...tá... ...ah, é?... ...tô entendendo... ...nossa... ...ãhã... ...iiii...	e coisa e tal... valeu... é isso aí... falô... até mais... a gente se fala... a gente se vê... beleza... pois é... ...sabe? ...sabia? ...entende? ...não é mesmo? ... não é? ...né? ...tá? ...pô! ...viu?

FONTE: Elaborado com base em Castilho, 2010.

Essas expressões podem parecer muito simples, mas contribuem para transmitir ideias e favorecem a interação. A entrevista do Celpe-Bras não é uma prova oral na qual os alunos devem falar tudo o que sabem ou memorizaram sobre determinados temas, e sim um momento de troca e uma oportunidade para mostrar seu nível de proficiência.

Outra sugestão e gravar as entrevistas feitas com os alunos e depois ouvi-las para identificar possíveis inadequações e analisar o que ainda é necessário melhorar. Em um primeiro momento, os alunos não gostam de fazer esse exercício, mas logo percebem o quanto podem ganhar e aprender com isso.

Para concluir, apresentamos, a seguir, um elemento provocador, que é um pequeno cartaz mostrado aos alunos para que desenvolvam uma conversa sobre o tema. Esse material foi utilizado na edição 2017/2 do Celpe-Bras.

Elemento provocador e sugestão de roteiro e questões

A seguir, apresentamos um elemento provocador – pequeno cartaz mostrado aos alunos para estimular uma conversa – utilizado na segunda prova oral do Celpe-Bras aplicada em 2017:

Acervo Celpe-Bras

Nessa prova, após a leitura do cartaz em silêncio, o candidato é questionado sobre seu conteúdo. Para isso, o avaliador deve perguntar "De que trata o material?" (Brasil, 2017) e, na sequência, considerar o seguinte roteiro:

> 1. O que você entende pela expressão "a propaganda é a alma do negócio"?
> 2. Você concorda que a publicidade influencia a cultura de um país? Comente.
> 3. Em sua opinião, a publicidade faz gerar a economia? Comente.
> 4. Você costuma assistir aos comerciais de TV? Por quê?
> 5. Quais estratégias os publicitários utilizam para atrair o consumidor?
> 6. Os publicitários costumam convencer as pessoas a comprar seus produtos. Para você, esse poder de persuasão é positivo? Por quê?
> 7. Você já comprou algum produto influenciado por uma propaganda? Comente.
> 8. Você se lembra de algum comercial que ficou em seu país? Como era?
>
> FONTE: Brasil, 2016, p. 6.

O tema mostrado pelo elemento provocador seria mais favorável se fosse utilizado com pessoas que trabalham e estão acostumadas a assistir à TV. No entanto, se esse assunto for tratado com quem não gosta de publicidade e não tem TV em casa, é possível que a interação seja um pouco mais difícil, mas, nesses casos, o professor entrevistador deve ter habilidade para conduzir a conversa de modo que o candidato possa falar e dar sua opinião. O professor pode perguntar por que o avaliado não gosta de assistir à TV e o que lhe incomoda nisso. O candidato, então, poderá falar que não gosta de publicidade e as vantagens ou desvantagens de não se interessar por esse tipo de assunto.

Antes das provas, os examinadores recebem fichas com informações fornecidas pelos candidatos, que devem auxiliar na escolha de temas ou assuntos que lhes motivem a falar.

quatropontocinco
Efeitos retroativos do exame Celpe-Bras nos programas de cursos e nas aulas de PLE e PL2

As contribuições do exame Celpe-Bras são bastante variadas, tanto nas aulas quanto na elaboração dos programas de cursos, e podem ser de cunho teórico ou prático. As principais delas têm sido a criação de tarefas e o tratamento dado aos textos quanto à discursividade e à adequação linguística.

Almeida (2012), em artigo sobre o tema, considera que os efeitos retroativos do Celpe-Bras são relevantes para orientar a maneira de elaborar as tarefas.

O próprio construto teórico do exame promoveu muitas pesquisas que contribuíram para a formação de professores e a ampliação das reflexões sobre a forma de avaliar. Outra influência é a utilização de textos de temáticas diversas, com base nos quais pode-se criar uma discussão ou conversação. Também podemos citar a construção de grades de avaliação oral e escrita para descrever os objetivos a serem alcançados. Com isso, vemos que não é suficiente apenas elaborar provas e avaliá-las priorizando a correção de inadequações gramaticais, pois há muito mais a observar nos textos e nas entrevistas dos alunos.

Porém, não parece ser apropriado transformar todas as avaliações de cursos em pequenos exames de proficiência no modelo do Celpe-Bras. Sobretudo para os níveis básicos, deve-se pensar em propostas que permitam aos alunos mostrar o que aprenderam no curso.

Avaliar o desempenho em um exame de proficiência e em uma prova de curso de língua são propostas relativamente distintas. A principal diferença é que, nos cursos e nas aulas o professor precisa ter claro de onde está partindo, o que fez e o que foi possível atingir com os alunos. O docente não pode ser tão abrangente como o Celpe-Bras, de modo que é necessário pedir aos alunos que produzam textos dos gêneros que foram trabalhados em sala de aula e que usem os conteúdos ensinados. Podem ser utilizadas questões abertas ou fechadas e textos autênticos com perguntas, além de ser solicitado aos estudantes que escrevam conteúdos tendo como referência alguns textos-base.

Vejamos, a seguir, uma prova aplicada a alunos falantes de línguas distantes do português depois 90 horas de aula.

Exemplo de avaliação de PLE e PL2 para alunos iniciantes e falantes de línguas distantes do português

Avaliação de PLE e PL2 – nível básico 1

1. Leia o texto e responda às perguntas:

Em busca dos sonhos na nova terra

Se o Brasil é um país de oportunidades, o italiano Roberto Rosati, 39 anos, encontrou a sua.

Doutor em Farmacêutica pela Universidade de Perúgia, é hoje pesquisador no laboratório do Hospital Pequeno Príncipe. Entre provetas e reagentes químicos, Rosati busca baratear o custo do exame do Sistema Único de Saúde (SUS) que detecta a leucemia. Um feito que, quando atingido, mudará a vida de milhares de crianças brasileiras. [...]

O que Roberto Rosati mais gosta do Brasil?

"A natureza."

FONTE: Forrente, 2013.

a. Quem é Roberto Rosati? (0,5 p)
b. O que Roberto faz no Brasil? (0,5 p)
c. O que ele sonha conseguir fazer? (1,0 p)
d. O que Roberto Rosati mais gosta do Brasil é a natureza. E você, o que mais gosta do Brasil ou de Curitiba? (1,0 p)

2. Escreva um texto apresentado-se. Esse texto deve ter as seguintes informações: seu nome, de onde você é, qual é sua cidade, como é sua família, onde você mora, qual é sua profissão, como é sua vida aqui no Brasil e o que você gosta de fazer. (2,0 p)

3. Leia o folheto e responda às perguntas:

CACAU
FUSION CUISINE

No almoço, variedade, tempero caseiro e ambiente agradável.

Buffet por quilo

11h30 as 14h30
Seg. a Sáb.

CACAU ÁGUA VERDE: (41) 3045-1621
Rua Getúlio Vargas, 2.680
Estacionamento gratuito no local
www.restaurantecacau.com.br

Africa Studio/Shutterstock

a. Como é o nome do restaurante? (0,5 p)
b. Qual é o sistema do restaurante? (0,5 p)
c. Qual o horário de atendimento? (0,5 p)
d. Em quais dias da semana funciona o restaurante? (0,5 p)

4. Escreva um *e-mail* para um amigo convidando-o para ir ao restaurante Cacau. Diga onde fica o restaurante, que tipo de comida tem e sugira um dia da semana para vocês irem até lá. (3,0 p)

FONTE: Santos, 2018. Material didático elaborado pela autora deste livro para utilização em sala de aula.

Nessa avaliação, há dois textos curtos e relativamente fáceis, porém é preciso considerar que são alunos iniciantes e falantes de línguas distantes e, por isso, o processo de aprendizagem é muito mais lento. Podemos observar que o primeiro texto fala sobre alguém que também é estrangeiro e, por isso, os alunos provavelmente terão interesse em entender do que se trata.

Os estudantes produzirão dois textos. Em um deles, deverão falar sobre si e, no outro, empregar elementos discursivos mais definidos.

As provas destinadas aos alunos falantes de línguas neolatinas, principalmente hispanofalantes, devem ter maior grau de dificuldade, pois eles compreendem muito mais e podem escrever bastante.

Embora o Celpe-Bras seja um exame que valorize a comunicação espontânea e a interação em situações do mundo real, além de seu construto teórico proporcionar grande valorização das práticas de ensino, a produção de livros didáticos não parece acompanhar esse desenvolvimento. O que vemos nas edições são propostas ainda bastante ligadas à abordagem gramatical. Muitas razões podem estar envolvidas nessa questão, desde o interesse dos alunos por esse tipo de abordagem ou mesmo a limitação imposta pelos direitos autorais, que dificulta a publicação de textos autênticos.

Síntese

Neste capítulo, discorremos sobre o exame de proficiência Celpe-Bras e discutimos suas contribuições para o ensino de PLE e PL2. Observamos que o exame se apresenta de forma bastante inovadora, embora ainda existam muitos desafios a serem superados.

O Celpe-Bras possui caráter comunicativo, motivo pelo qual não contém questões de avaliação específica sobre gramática e vocabulário. Sua ideia de proficiência está relacionada ao uso adequado da língua para desempenhar ações no mundo.

A formação de professores de PLE e PL2 deve incluir estudos sobre esse exame, pois ele constitui uma importante iniciativa que, há alguns anos, vem contribuindo para melhorar as práticas de ensino de línguas.

As avaliações podem ser feitas de muitas formas, inclusive processual e sem aplicação regular de provas, e existem diversas maneiras de acompanhar o desenvolvimento dos alunos. A produção dos textos escritos e orais oferece pistas muito claras sobre os aspectos em relação aos quais os alunos precisam melhorar, de modo que os professores devem observar essas pistas e, com base nelas, fazer seu planejamento para que os estudantes possam evoluir. Sobretudo no ensino em imersão, comunicar-se com proficiência e expressar adequadamente os pensamentos contribui para que os alunos sejam cidadãos e se integrem efetivamente.

Atividades de autoavaliação

1. O Celpe-Bras é um exame que atesta níveis de proficiência em língua portuguesa para estrangeiros. É organizado pelo Ministério da Educação (MEC) com o apoio do Ministério das Relações Exteriores (MRE).

Sobre o Celpe-Bras, analise as afirmativas a seguir e marque V para as verdadeiras e F para as falsas.

( ) É composto por uma parte coletiva e outra individual.
( ) Seu construto teórico é usado como parâmetro teórico-metodológico para cursos e aulas de PLE e PL2.
( ) É aplicado somente no Brasil.
( ) São certificados quatro níveis de proficiência intermediários e avançados.

Assinale a alternativa que corresponde à sequência correta:
a. V, F, V, V.
b. V, V, F, V.
c. F, V, V, V.
d. F, F, V, V.

2. O exame Celpe-Bras é baseado no conceito de uso adequado da língua para agir no mundo, por isso é um exame de desempenho e tem caráter comunicativo.

Sobre os construtos teóricos do exame Celpe-Bras, analise as afirmativas a seguir e marque V para as verdadeiras e F para as falsas.

( ) O exame segue como orientação apenas construtos teóricos relacionados aos gêneros discursivos.
( ) O exame Celpe-Bras utiliza apenas conteúdos autênticos como textos-base para que os candidatos produzam suas tarefas.
( ) A abordagem gramatical faz parte das principais teorias que fundamentam o exame Celpe-Bras.
( ) A concepção teórico-metodológica em comum com a abordagem comunicativa contribuiu para a criação e a fundamentação do exame.

Assinale a alternativa que corresponde à sequência correta:
a. V, F, F, V.
b. V, F, V, V.
c. V, V, F, V.
d. F, V, F, V.

3. Uma das inovações do exame Celpe-Bras é o formato de avaliação com grades analíticas e holísticas combinadas. Essas grades são preenchidas pelos examinadores durante a parte oral da prova.

Sobre a avaliação holística, analise as afirmativas a seguir e marque V para as verdadeiras e F para as falsas.

( ) A avaliação holística é um tipo de avaliação geral que apresenta critérios indefinidos e pouco rígidos.

( ) No exame Celpe-Bras, o entrevistador interage com o candidato e lhe atribui um conceito de acordo com descrições estabelecidas pela grade holística.

( ) A avaliação holística trata de avaliar habilidades comunicativas de modo integrado.

( ) A grade de avaliação holística apresenta separadamente cada critério a ser analisado pelo entrevistador.

Assinale a alternativa que corresponde à sequência correta:
a. V, F, F, F.
b. F, V, V, F.
c. F, F, V, F.
d. V, F, V, F.

4. Para preparar-se para o exame Celpe-Bras, é importante conhecer o formato da prova, sendo possível ao candidato acessar o *site* do MEC.

Sobre a forma de se preparar para o exame, analise as afirmativas a seguir e marque V para as verdadeiras e F para as falsas.

( ) A única forma de se preparar para o exame é realizar cursos específicos que envolvam estudos sobre leitura e produção de textos.

( ) Ler jornais e revistas brasileiros e textos que forneçam conhecimento sobre os assuntos que circulam no país.

( ) Memorizar regras gramaticais em gramáticas de língua portuguesa.

( ) Conversar com as pessoas e praticar a argumentação sobre fatos e costumes não é recomentado como forma de preparação para o exame.

Assinale a alternativa que corresponde à sequência correta:

a. F, V, F, F.
b. F, V, F, V.
c. F, F, V, F.
d. F, V, V, F.

5. O exame Celpe-Bras foi inicialmente pensado para identificar o nível de proficiência de estudantes que tinham a oportunidade de vir ao Brasil e frequentar universidades públicas e privadas conveniadas. Além disso, vem se mostrando uma referência teórica que orienta professores a organizar cursos, materiais didáticos e

avaliações. Assim, o exame contribui para diferentes segmentos do ensino de PLE e PL2, o que chamamos de *efeitos retroativos*.

Sobre os efeitos retroativos do Celpe-Bras, analise as afirmativas a seguir e marque V para as verdadeiras e F para as falsas.

( ) Elaboração de enunciados e tarefas que favorecem a produção de textos.

( ) Elaboração de exercícios que visam à sistematização de vocabulário e de tempos verbais.

( ) Definição de modelos de formatos de textos para que sejam reproduzidos pelos alunos.

( ) Exploração de diferentes temáticas e gêneros discursivos nas aulas de PLE e PL2.

Assinale a alternativa que corresponde à sequência correta:

a. V, V, V, F.
b. F, V, V, F.
c. V, F, F, V.
d. F, V, F, V.

Atividades de aprendizagem

Questões para reflexão

1. Qual é o construto teórico que norteia o exame de proficiência Celpe-Bras e quais são os possíveis efeitos retroativos desse exame para a área de PLE e PL2?

2. Em sua opinião, a avaliação em cursos e aulas de PLE e PL2 é necessária? Quais são os tipos de avaliação possíveis para cursos de línguas?

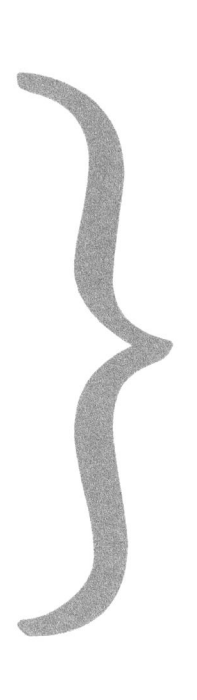

}

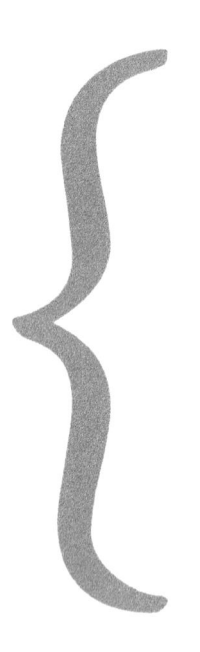

{

um   Aquisição de língua estrangeira: reflexões
         sobre o ensino-aprendizagem de PLE
         e PL2
dois   Abordagens metodológicas para o ensino
         de PLE e PL2
três   Diversidade cultural e linguística nas aulas
         de PLE e PL2
quatro   Efeitos retroativos do exame Celpe-Bras no
         ensino de PLE e PL2 e na organização de
         cursos e programas
cinco **Planejamento e
         elaboração de cursos
         e aulas de PLE e PL2**
seis   Variação linguística e ensino de PLE e PL2

{

NESTE CAPÍTULO, APRESENTAREMOS algumas sugestões para a elaboração de cursos de português língua estrangeira (PLE) e português segunda língua (PL2). Analisaremos os diversos segmentos que podem ajudar professores de línguas, especialmente os de PLE e PL2, a organizar suas aulas e cursos. É muito frequente a demanda por aulas particulares de português para estrangeiros, seja no Brasil, seja no exterior, porém também é possível haver grupos formados por pessoas de diferentes lugares.

Por isso, pretendemos fornecer ideias e orientações para que os professores possam se guiar ou ter um ponto de partida. Visamos, ainda, estabelecer conexões entre as teorias que apresentamos neste livro e possíveis situações comuns na prática docente.

Apresentaremos, inicialmente, orientações para trabalhos pontuais, como o planejamento de uma aula, ampliando nossas análises até chegar à elaboração do currículo de um curso.

Todas essas reflexões, sugestões e análises têm por objetivo contribuir para a formação de professores, pois acreditamos não ser suficiente estudar as diversas metodologias de ensino de línguas se não forem visualizadas as situações em que elas são aplicadas. Portanto, este texto é pensado e deve ser útil tanto para quem já possui experiência de ensino de PLE e PL2 quanto para quem está estudando para isso e pretende lecionar.

Queremos destacar que a formação de professores, tanto a inicial quanto a continuada, é essencial para a atuação profissional. Somente estudando e refletindo sobre as experiências docentes é possível atingir um bom nível de conhecimento e, com isso, propiciar aulas e cursos melhores e mais satisfatórios.

Ensinar não é uma tarefa fácil, e há quem diga que é preciso ter dom, paciência e habilidade. É bem provável que tudo isso contribua, mas os professores não vão evoluir ou auxiliar seus alunos consistentemente se não se aprimorarem.

cincopontoum
Áreas de atuação de PLE e PL2

Apresentaremos, a seguir, algumas áreas de atuação de PLE e PL2, as quais não são diferentes de situações comuns para outras línguas.

Podemos classificar as modalidades de ensino como individuais, *one-to-one* (professor e aluno) e em grupos. Também podemos classificá-las como aulas ou cursos particulares ou institucionais. As possibilidades de classificação são diversas. Vejamos algumas delas.

1. Aulas particulares e/ou individuais

As aulas particulares referem-se aos encontros firmados entre professor e aluno e geralmente acontecem na casa ou na empresa do estudante ou, ainda, na casa do docente. Algumas empresas também fazem a conexão entre professor e aluno de modo a organizar os horários e o pagamento das aulas.

Do ponto de vista didático, temos uma situação bastante favorável para o aprendizado, pois a atenção é voltada para apenas um aluno e, com isso, a preparação das aulas pode ser direcionada às necessidades e aos interesses específicos de um único aprendiz. Nas primeiras aulas, pode-se trabalhar conteúdos básicos de vivência social, os quais são comuns a todos e, depois disso, inicia-se outra fase, podendo-se inserir temas mais específicos relacionados à realidade do aprendiz. É importante pesquisar e procurar entender o que será útil e, também, inteirar-se sobre assuntos diversos.

Os professores costumam se deparar com situações inusitadas quanto aos temas que deverão abordar. Imagine dar aula para um atleta, para um engenheiro, para um operador de equipamentos de *shows* ou para funcionários de empresas que importarão soja do Brasil. Precisamos pesquisar e saber pelo menos um pouco sobre cada uma dessas áreas. Assim, haverá maior possibilidade de atingir bons resultados e interagir com os estudantes.

A própria condição das aulas individuais normalmente é muito proveitosa, mas é essencial tomar cuidado para que não se tornem encontros de bate-papo e isso dificulte o cumprimento dos propósitos educacionais. Nesses casos, também há grande proximidade entre os participantes e a falta de empatia ou de afinidades entre eles poderá desfavorecer a continuidade das aulas.

Em razão da proximidade, é possível que os alunos utilizem o tempo da aula para falar sobre suas ansiedades e seus problemas. É menos provável que isso ocorra nas aulas em grupo. Assim, o professor não deve perder o foco do planejamento, o qual deve ser feito no início das aulas, sendo necessário estabelecer as etapas a serem cumpridas e os conteúdos a serem trabalhados. No entanto, é inevitável que, tendo contato com alunos, precisaremos ouvi-los e, eventualmente, aconselhá-los. De qualquer modo, são encontros que se constituem de modo mais flexível, mas que não devem perder os objetivos de ensino.

2. Cursos regulares em grupos em escolas particulares e universidades

Os cursos em grupos têm uma dinâmica diferente das aulas individuais. São várias vozes a serem ouvidas e diversas necessidades a serem consideradas.

Os grupos nunca serão totalmente nivelados e é preciso estar ciente dessa condição. Alguns alunos apresentam mais facilidade e outros não; alguns são de culturas mais distantes e, outros, de culturas mais próximas à da língua em estudo. O professor deve atender a todos e, no início dos cursos, é importante fazer atividades que integrem os alunos para que eles se sintam à vontade e possam colaborar com os colegas. Para isso, podem ser aplicadas dinâmicas ou jogos voltados à prática comunicativa e nos quais seja necessário contar com a ajuda dos outros alunos. Compartilhar informações em propostas de conversação em duplas ou trios também pode contribuir para que o grupo constitua uma comunidade de prática. Desse modo, o desenvolvimento dos conteúdos será mais colaborativo.

O bom humor e a descontração são igualmente favoráveis. Se você tiver no mesmo grupo alunos asiáticos e falantes de espanhol, provavelmente será necessário conversar com o grupo e estabelecer alguns procedimentos. Como os hispanos compreendem mais rapidamente a fala e a escrita em português, certamente responderão às perguntas mais rapidamente do que os outros. No entanto, quando falam ou escrevem, tendem a fazer mais interferências do que os asiáticos. O melhor é que os falantes de espanhol esperem um pouco para responder às questões, permitindo, assim, que todos tenham as mesmas oportunidades.

Nas aulas em grupos, alguns momentos devem ser destinados a orientações individuais para que as dificuldades de cada um possam ser sanadas. Durante as aulas, deve-se encontrar momentos para explicações e reflexões direcionadas a cada grupo.

De modo geral, ganha-se muito com o contato intercultural e a possibilidade de desenvolver projetos com pessoas de diferentes lugares. Podem ser realizadas peças de teatro, apresentações sobre o país ou a cidade de origem dos alunos, pesquisas sobre a diversidade cultural brasileira e exposições de fotografias, entre muitas outras atividades.

3. Aulas ou cursos periódicos solicitados ou organizados por empresas, associações ou outras instituições

Nesses casos, as aulas ou cursos têm objetivos mais específicos e precisam de um bom planejamento para que os propósitos possam ser cumpridos. Quando ensinamos em aulas particulares, podemos definir os conteúdos diretamente com os alunos ou propor-lhes o que fazer. Nos cursos em instituições ou escolas, precisamos saber se já existe um direcionamento e, provavelmente, seguir algumas orientações específicas.

4. Aulas ou cursos realizados via internet com o auxílio de aplicativos que permitem a interação sincrônica (simultânea) entre professor e aluno, mesmo que estejam em diferentes países

Essa modalidade de aula que exige do professor alguma habilidade com informática tem crescido muito. De qualquer forma, é importante seguir um planejamento de trabalho, pensar em situações motivacionais e, sobretudo, ouvir os alunos e tentar atendê-los.

O professor poderá enviar as atividades e o plano de aula para os alunos por *e-mail* e solicitar-lhes que façam as leituras e que escutem áudios.

Assim, ficará mais fácil conduzir a interação. Esse sistema pode ser um pouco mais cansativo para ambos os participantes. Conversar com alguém de outro país pode ser muito interessante no início, mas exige paciência para que as aulas possam fluir.

5. Videoaulas gravadas e disponibilizadas na internet

As aulas de línguas por meio de vídeos disponibilizados na internet também têm crescido e conquistado um espaço novo. Para isso, é necessário ter uma estrutura que envolva equipamentos e técnicos que façam a edição das aulas. Além disso, o professor deve ter habilidade e preparo para a gravação das aulas. Caso muitas pessoas as acessarem, é possível fazer a divulgação de produtos e, com isso, obter retorno financeiro.

6. Cursos de línguas *on-line* ou a distância

Algumas iniciativas nesse sentido têm sido desenvolvidas. Da mesma forma como nas videoaulas, é necessário ter um bom equipamento e uma boa estrutura que permitam colocar o curso em uma plataforma na internet. Um dos grandes desafios é permitir a interação oral entre os participantes. Quando estamos diante dos alunos, percebemos mais facilmente do que eles precisam, mas, em um curso de línguas a distância, a voz do aluno é menos sentida, por isso deve-se pensar em estratégias diversas para que o curso seja proveitoso.

Atualmente, vemos que pessoas de várias idades têm se interessado por comunicar-se por meio de aplicativos de celular e redes sociais. Isso motiva professores e especialistas em informática a encontrar uma ferramenta que favoreça essa interação também em cursos de idiomas.

Enumeramos seis formatos de aulas ou cursos, porém existem outras possibilidades. Os dois formatos de maior procura são as aulas particulares e os cursos em grupos ofertados por escolas particulares, faculdades ou universidades. Além disso, os cursos de línguas a distância também têm sido uma alternativa viável. De qualquer modo, fazer cronogramas, programas e planos de aula é essencial em todas essas modalidades.

cincopontodois
Tenho um aluno. E agora, o que fazer?

Há muito tempo ouvimos falar da dificuldade de conectar teoria e prática. Esse é um assunto bastante explorado, porém é uma situação que os professores vivem diariamente no contato com os alunos. Diante disso, parece que existem duas situações não apropriadas para um docente:

1. Viver só no mundo da teoria e acreditar que tem a solução para tudo, mas nunca ou raramente lecionar e vivenciar essa realidade.
2. Viver apenas no mundo da prática e desconsiderar conceitos teóricos, por achar que já sabe o suficiente.

Essas são duas situações muito comuns, mas nada favoráveis. A experiência de ensino proporciona aos professores uma visão realista, ponderada e consciente sobre os desafios a enfrentar no dia a dia. A reflexão e os estudos teóricos, por outro lado, oferecem conhecimentos para propor soluções e alternativas viáveis e que propiciam melhores resultados. É justamente a combinação desses dois fatores que possibilita os melhores procedimentos de ensino.

Imaginemos uma situação inicial de ensino de PLE e PL2. O que fazer? A primeira ação é identificar o nível de proficiência do aluno e seu perfil. O professor deve fazer perguntas iniciais ao aluno ou mesmo preparar um questionário em uma língua franca (que ambos dominem), para saber se ele já estudou o idioma, se fala um pouco e como o aprendeu, se o aprendeu com a família (língua de herança), se já visitou o Brasil ou mora no país há algum tempo. Todas essas questões compõem um rol de informações necessárias para o docente imaginar como vai proceder. Além disso, a preparação de um teste de nivelamento poderá evidenciar o nível de proficiência. Santos (2007) propõe um teste único para avaliar níveis distintos por meio de leitura e produção de textos e de uma entrevista, cujo objetivo é avaliar o desempenho dos alunos em situações de uso da língua.

Para que o professor possa identificar diferentes níveis de proficiência utilizando um único teste, deve ter clareza de quais eles seriam os níveis e o que cada um deles compreende. Por isso, é necessário tê-los descrito previamente. No entanto, para que tenha essa descrição, o docente precisa ter como referência a proposta de ensino que irá seguir. Em geral, adota-se um livro didático e, com base no planejamento contido nas primeiras páginas, faz-se um programa de curso. Isso pode parecer muito simples, porém, na prática, não é tão fácil assim, porque não existem tantos livros didáticos de PLE e PL2 disponíveis no mercado, e os que existem podem não suprir a contento as necessidades dos alunos.

Destacamos essas informações para que os docentes e as instituições possam refletir sobre a importância de se investir em formação de professores de PLE e PL2. Ser um falante nativo de uma língua não dá a ninguém a concessão automática para que possa ensiná-la como estrangeira ou como materna. Fazer aulas assistindo a vídeos e a filmes com os alunos ou conversando de modo lúdico e descontraído pode funcionar por algum tempo, mas logo fica evidenciado que é preciso fazer mais.

Voltando ao título desta seção, quando se tem um aluno, é preciso pensar em como viabilizar as aulas. O docente deve, então, criar um teste de nivelamento. Os cursos de línguas geralmente são divididos em níveis, como básico, pré-intermediário, intermediário e avançado. Vejamos alguns formatos utilizados por cursos de extensão de algumas universidades federais brasileiras.

Quadro 5.1 – Níveis de cursos de PL2 em cursos de extensão ofertados por duas universidades federais brasileiras: Universidade Federal do Rio Grande do Sul (UFRGS) e Universidade Federal do Paraná (UFPR)

Níveis ofertados pelo Programa de Português para Estrangeiros (PPE) da UFRGS	Níveis ofertados pelo curso do Centro de Línguas e Interculturalidade (Celin) da UFPR
Básico I (90 horas)	Básico 1 (60-100 horas)
Básico II (90 horas)	Básico 2 (60-100 horas)
Básico para falantes de espanhol (90 horas)	Básico 3 (60-100 horas)
Intermediário I (90 horas)	Básico neolatinas (60-100 horas)
Intermediário II (90 horas)	Pré-intermediário (60-100 horas)

(continua)

(Quadro 5.1 – conclusão)

Níveis ofertados pelo Programa de Português para Estrangeiros (PPE) da UFRGS	Níveis ofertados pelo curso do Centro de Línguas e Interculturalidade (Celin) da UFPR
Intermediário para falantes de espanhol (90 horas)	Intermediário 1 (60-100 horas)
	Intermediário 2 (60-100 horas)
	Intermediário 3 (60-100 horas)
Preparatório para Celpe-Bras (20 horas)	Avançado (60-100 horas)
	Preparatório para Celpe-Bras (200 horas)
Ambas as instituições oferecem outros cursos para estrangeiros, como na UFRGS: Literatura Brasileira I e II, Prática Teatral, História e Cultura Gaúcha. Existem duas modalidades de cursos: extensivo, com 60 horas (duas vezes por semana); e intensivo, com 100 horas (todos os dias).	

FONTE: Elaborado com base em Kraemer, 2012; Santos, 2014.

Analisando o Quadro 5.1, podemos questionar o que define exatamente os níveis básico 2, básico 3, intermediário 1 e intermediário 2. Para entendê-los exatamente, precisamos ler o descritivo feito pelas instituições.

Quando se trata de institutos de línguas ou de cursos de extensão em universidades, é necessário estudar o que as instituições definem ou especificam para cada nível. Infelizmente, não há um descritivo comum para os cursos de PLE e PL2 como no Quadro Europeu Comum de Referência para as Línguas – QECR

(Alves, 2011), que estabelece níveis divididos em grupos, conforme demonstrado na escala global de níveis.

> A: Utilizador Elementar
> - A1 Nível de iniciação
> - A2 Nível elementar
>
> B: Utilizador Independente
> - B1 Nível limiar ou intermédio
> - B2 Nível vantagem ou pós-intermédio
>
> C: Utilizador Proficiente
> - C1 Nível de autonomia ou avançado
> - C2 Nível de mestria ou proficiente

FONTE: British Council, 2018.

Geralmente, as instituições de ensino têm especificado o que compreendem por cada um dos níveis. Com base nessas informações, que devem ser bastante detalhadas, é possível elaborar o teste de nivelamento, o questionário sobre o perfil e o interesse dos alunos e os programas de cursos.

Em linhas gerais, nos testes de nivelamento, podem ser propostas atividades que contemplem os vários níveis, ou seja, apresentar questões mais fáceis e depois aumentar o nível de dificuldade. É possível, ainda, sugerir algumas tarefas de produção de textos com base no que os alunos conseguirem fazer a fim de identificar o nível de proficiência deles.

Conforme explicam Bosch e Santos (2016), os testes de nivelamento precisam estar na mesma configuração ou ter a mesma linha teórica que será adotada nas aulas. Não faz sentido que os testes apresentem apenas frases para completar e as aulas tenham como elemento central textos autênticos. De acordo com Bailey (1998), esse tipo de teste deve refletir a concepção de linguagem da instituição e seu construto teórico.

Também é possível mesclar os tipos de questões, conforme exemplo apresentado por Bosch e Santos (2016). Na primeira etapa, são realizadas perguntas pessoais sobre o aluno, como nome, nacionalidade, profissão, línguas que fala, se já estudou português e por quanto tempo, endereço de *e-mail*, há quanto tempo está no Brasil ou se já viajou para o país, que cidades conhece, como foi a experiência no Brasil, o que espera do curso e por que é importante aprender português, entre outras. Na segunda e na terceira etapas, o aluno deve ler textos curtos, responder a perguntas e produzir uma tarefa (escrever um *e-mail* para um amigo). As atividades propostas permitem que os estudantes possam fazer descrições, narrar acontecimentos e argumentar. Há, nesse caso, três gêneros discursivos, de acordo com a descrição feita por Charaudeau (2012), por meio dos quais é possível identificar o quanto os alunos estão familiarizados e em que medida conseguem utilizar recursos linguísticos para se fazerem entender.

O teste de nivelamento é o primeiro contato dos alunos com a instituição ou o curso, motivo pelo qual é importante apresentar-lhes informações sobre as aulas e reunir dados sobre eles.

cincopontotrês
Como elaborar um plano de aula?

Dando continuidade ao percurso iniciado na seção anterior, depois de aplicar o teste de nivelamento e identificar o nível e o perfil dos alunos, pode-se seguir com o planejamento das aulas. Para o primeiro encontro, o professor precisa estar preparado caso ocorram algumas surpresas. Os testes de nivelamento podem, eventualmente, não medir o nível dos alunos de modo muito preciso. Porém, para as aulas seguintes, é importante que haja algum planejamento. Existem muitos formatos e cada professor pode desenvolver o seu, mas, de qualquer modo, é necessário que o planejamento contenha os objetivos da aula, os conteúdos a serem estudados e as atividades propostas. Esse programa está relacionado ao tempo de duração do encontro. Por exemplo, 1, 2 ou 3 horas-aula.

O docente deve projetar as atividades para cada encontro e imaginá-lo um evento de aprendizagem. O professor deve ter muita sensibilidade para identificar como pode criar situações de interlocução, tão necessárias às aulas de línguas. Por interlocução, entendemos a capacidade de os alunos responderem às propostas feitas pelo professor ou pelo material didático.

Quanto mais interessados os alunos estiverem em fazer atividades como a leitura de um texto, assistir a um vídeo ou participar de uma conversação com colegas, por exemplo, maiores serão as chances de gerar interação e, consequentemente, aprendizagem. Planejar aulas detalhadamente, passo a passo e sem se dedicar a gerar interlocução é pouco efetivo. É muito mais vantajoso investir tempo em revisar as perguntas propostas pelo livro didático e melhorá-las ou procurar um texto do mesmo tema, mas que seja mais instigante, e preparar perguntas mais provocadoras, pensando em reflexões linguísticas e em tarefas bem elaboradas e desafiadoras.

O plano de aula deve servir para o docente imaginar momentos produtivos e interessantes. Contribui muito para isso o relato da última aula, porque deve ser estabelecido um *link* ou uma conexão com o que aconteceu no encontro anterior. O plano de aula seguinte deve começar no final da aula atual, com base em anotações das impressões do que foi realizado, do que deu certo, do que deu errado, do que o professor conseguiu provocar nos alunos e do que eles ainda precisam para produzir as próximas tarefas.

Embora os planos de aula estejam ligados a situações práticas e cotidianas, as decisões tomadas são influenciadas por concepções teóricas que o docente aplica consciente ou inconscientemente.

Preparar as aulas e seguir o plano rigorosamente conforme detalhado pode implicar a perda de interação. Além disso, algumas vezes, é preciso realizar ajustes e aproveitar momentos inesperados para fazer explicações ou discussões que surgiram e são muito mais proveitosas. Uma sugestão para o professor se organizar e para que os alunos acompanhem a sequência das atividades é fornecer um planejamento geral do curso e/ou no início de cada aula colocar no quadro o que será feito naquele dia. É necessário levar em consideração que muitos alunos de PLE e PL2 podem não compreender ou se sentirem perdidos e sem ordenamento ou entendimento da evolução dos estudos.

Para o ensino de PL2, como os alunos estão em imersão, é possível que, durante as aulas, surjam muitas questões curiosas relacionadas às experiências vivenciadas, o que poderá ampliar as situações de aprendizagem.

Preparar as aulas também pode coincidir com a elaboração do material a ser usado caso não seja adotado um livro didático. Se a opção for a de não utilizá-lo, o professor deve estar atento ao imenso trabalho que terá pela frente. Preparar novas aulas para cada encontro pode ser uma tarefa extremamente cansativa.

A opção que nos parece mais apropriada é o professor catalogar várias atividades ou compilar uma apostila pensando no perfil dos alunos. Desse modo, procura-se desenvolver um material destinado a um ensino mais personalizado. Para isso, o docente, com o passar do tempo, seleciona o que funcionou melhor e organiza suas atividades de acordo com o programa e com o currículo do curso. Para que esse empreendimento seja viável, muitas pesquisas, testagens e reflexões precisam ser feitas, e o resultado costuma ser muito mais proveitoso.

Para atender a alunos provenientes de tantos lugares diferentes, parece pouco funcional utilizar apenas uma abordagem de ensino. Nas últimas décadas, alguns estudiosos do ensino de línguas, como Prabhu (1990) e Allwright (1991), têm apresentado pesquisas questionando a utilização de uma única abordagem. Em 1994, Kumaravadivelu lançou as bases do que ele chamou de *pós-método* e, com isso, os professores passaram a ter muito mais autonomia para escolher o que lhes pareça mais adequado para determinados públicos. Porém, para que isso se realize, é necessário que conheçam muito bem as opções disponíveis.

Larsen-Freeman (2000, p. 186, citado por Silva, 2004) defendeu que o pós-método propicia a reflexão e "pode-se trazer para o nível consciente os pensamentos que estão por trás das ações preconizadas por eles [métodos e abordagens]". Embora muitas críticas e diversos questionamentos possam surgir sobre o pós-método, que permite e incentiva a utilização de diferentes abordagens, estar restrito a um único referencial teórico parece limitador em um mundo tão plural como este em que vivemos.

Como propomos que é possível conciliar o planejamento das aulas com a elaboração do material didático, apresentamos a seguir algumas diretrizes que julgamos adequadas para a preparação de unidades temáticas. Santos (2014) defende a opção por unidades temáticas em vez de unidades didáticas e a definição de um tema central para desenvolver a aula ou a unidade. Ainda seguindo as orientações desse autor, definiremos as fases de elaboração, ou seja, a etapa preliminar ou de planejamento e a etapa de confecção da unidade temática, acrescentando a etapa de aplicação e análise.

Na primeira etapa, definimos o tema a ser trabalhado, o que deve ser feito em consonância com o programa do curso, com o perfil dos alunos e com o que foi levantado com os estudantes sobre o que é relevante aprender naquele momento. Nessa fase, os professores devem tomar muito cuidado para não induzir temas, textos e atividades. Existe uma tendência de os docentes levarem para a sala de aula aquilo de que gostam e o que lhes interessa ler, saber ou fazer. A composição das aulas, porém, deve ter as necessidades dos alunos como eixo central. Isso não significa que os professores não possam demonstrar seus interesses, mesmo porque isso seria impossível.

Para planejar suas aulas, o professor pode pensar em questões envolvendo o que os alunos ainda precisam praticar, que assuntos provocariam maior interlocução e condições propícias para a aprendizagem, que dificuldades os estudantes apresentam, como as aulas podem ser mais criativas e quais gêneros discursivos ainda não foram explorados e são úteis aos alunos, entre outras.

Depois de escolhido o tema, parte-se para a seleção dos textos, que também devem estar previstos no programa do curso. É verdade que, muitas vezes, esse caminho é inverso: um texto interessante cai nas mãos do professor e ele pensa em preparar uma aula na qual possa utilizá-lo. É possível que isso funcione muito bem, porque bons textos contribuem muito para que surjam discussões e aulas interessantes, porém é preciso tomar cuidado com essas tentações. Elas podem ser adequadas, mas o ideal é guardar ou catalogar esses textos potenciais para um momento oportuno.

A escolha de textos orais ou escritos é um trabalho muito cuidadoso porque precisa considerar várias questões, como nível de dificuldade, extensão, temática, adequação ao momento de aprendizagem e o que está no programa de curso.

Depois de escolhidos os textos-base, o docente deve confeccionar a unidade temática. Para tanto, precisa elaborar perguntas sobre o conteúdo dos textos, as questões para discussão e as tarefas para o desenvolvimento comunicativo e a prática de diferentes atos de fala e gêneros discursivos.

E a gramática? Onde ela está? Se a opção for pelo ensino explícito, deve-se elaborar atividades de reflexão linguística que podem ser realizadas como tarefa de casa ou em sala de aula. O momento mais propício para fazer orientações sobre questões gramaticais ou estruturais é durante e após a produção de textos ou de tarefas.

Como vimos que o plano de aulas precisa estar em consonância com o programa de curso, vamos, a seguir, estudar como fazer esse programa.

cincopontoquatro
Elaboração de programas de cursos de PLE e PL2

Os programas de cursos contêm direcionamentos essenciais para a elaboração das aulas. Em instituições com vários professores e níveis, é necessário existir um bom planejamento que direcione a progressão dos conteúdos. Isso não significa, porém, que os docentes não possam ser livres para criar e propor novas atividades.

Os programas de curso, assim como os materiais didáticos, precisam ser revistos continuamente, atualizados e adaptados às novidades que estão sempre nos surpreendendo. Antes da chegada de refugiados ao nosso país, por volta de 2011 e 2012, não tínhamos a necessidade de organizar aulas com a visão de língua de acolhimento. Assim, é essencial elaborar um programa e revisá-lo continuamente.

Para que o professor possa elaborar programas realistas, ou seja, que sejam seguidos e funcionem de fato, ele precisa ajustar vários fatores. Uma questão muito pertinente é a identificação do interesse e das necessidades dos alunos e a adequação das intenções ou direções teóricas que a instituição de ensino quer seguir. Porém, esses dois fatores podem não estar alinhados. Se optar por uma configuração mais eclética ou mista de abordagens, é provável que o docente tenha mais chances de conciliar interesses variados. Alguns procedimentos são claramente necessários, como o trabalho com textos autênticos. Em nossa perspectiva, o texto é o elemento-chave que permite o entendimento do mundo e a comunicação.

Utilizamos o termo *texto* em sentido bastante amplo, que abrange o discurso e o hipertexto. Este último compreende informações extras, imagens ou desenhos que compõem ou que de algum modo fazem parte dos conteúdos. A competência intercultural é outra prática importante, pois as aulas de PLE e PL2 são espaços fortemente definidos como troca de vivências interculturais. Os professores brasileiros não têm como excluir a abordagem comunicativa de suas práticas de ensino de línguas, pois ela estará sempre presente direta ou indiretamente, porque os docentes foram formados seguindo essa perspectiva há algumas gerações e porque ela é muito ampla e variada. No entanto, quando se pergunta sobre o ensino de gramática, eles não sabem muito bem o que fazer, ou melhor, como fazer, e procuram fugir de abordagens ou de atividades de cunho gramatical porque está convencionado que são arcaicas, tradicionais e limitadoras.

De acordo com Freitas (2014), o ensino implícito é aquele que prevê a aprendizagem de estruturas linguísticas de forma acidental e espontânea, sem que seja usada a metalinguagem, ou seja, a própria língua, para explicá-la por meio de regras gramaticais. Embora alguns estudiosos defendam ser possível aprender idiomas de forma implícita, o tempo necessário normalmente é maior e a disponibilidade da maioria dos alunos de PL2 não parece ser essa. Muitos estão habituados a aprender por abordagens gramaticais e sentem falta de exercícios de gramática. Nesse caso, a opção poderá ser o trabalho com os aspectos linguísticos integrados às várias habilidades, inclusive com o estudo dos textos. De acordo com Kraemer (2012, p. 97), cabe ao professor:

> *selecionar os tópicos a serem estudados e problematizados sem perder de vista que os recursos linguísticos estão a serviço das práticas sociais de linguagem, ou seja, são selecionados em função das condições de produção, das finalidades e objetivos do texto, das características do gênero e do suporte.*

Para concluir esta seção, apresentaremos uma sugestão de organização de programa de curso conforme proposta por Santos (2014) no Quadro 5.2.

QUADRO 5.2 – PROPOSTA DE PROGRAMA PARA O NÍVEL PRÉ-INTERMEDIÁRIO DOS CURSO DE PLE DO Celin-UFPR

Situação Sociocultural: VIVER EM UM PAÍS ESTRANGEIRO – Relatos e orientações		
Objetivos Sociolinguísticos	Gêneros Discursivos	
	Textos orais	Textos escritos
• Contar sua experiência de viver em Curitiba ou seus primeiros dias na cidade – adaptação e desafios • Conhecer instituições que acompanham ou fornecem ajuda a estrangeiros • Ter contato com diferentes tipos de textos formais que podem ser úteis para estrangeiros • Conhecer sobre o sistema de ônibus em Curitiba • Ter informações sobre atendimento médico em Curitiba	• <u>Depoimento</u> de intercambistas estrangeiros em Curitiba • <u>Conversa informal</u> sobre diferenças culturais • Vídeos/áudios com informações sobre serviços na Cidade de Curitiba (texto de <u>divulgação</u>)	• <u>Relatos</u> escritos de estrangeiros no Brasil • Formato de <u>textos formais</u> e <u>informais</u>: e-mails, solicitação de estágio, comprovante de residência, contrato de aluguel, carta de reclamação e de solicitação • Leitura de informações úteis no site da URBS e da Prefeitura de Curitiba (<u>texto informativo</u>)
Elementos Linguísticos Itens gramaticais sugeridos/selecionados para reflexão sistemática no caderno de exercícios • Preposições • Artigos definidos e indefinidos • Tempo presente, passado perfeito e imperfeito do modo indicativo • Formas progressivas dos verbos • Ser, estar, ficar		

FONTE: Santos, 2014, p. 104

cincopontocinco
Necessidade de currículo de curso de PLE e PL2

Neste capítulo, falamos sobre o planejamento e a organização de algumas etapas essenciais que envolvem o processo de ensino-aprendizagem de PLE e PL2, entre elas o plano de aulas e o programa de curso. Trataremos agora do currículo, que aqui designa o conjunto de informações que norteiam todo o trabalho didático de uma instituição ou de um curso. É o mais abrangente dos planejamentos, porém optamos por partir do plano de aula porque é o mais conhecido e o mais próximo das situações cotidianas de sala de aula.

A palavra *currículo* é bastante associada à ideia de conjunto de informações sobre a vida estudantil e profissional de alguém. Mas a conotação que queremos explorar é outra. *Currículo*, no âmbito escolar, trata-se de um conjunto de informações que orienta ou direciona o planejamento de programas e cursos. Temos como referência para a educação básica no Brasil a Base Nacional Comum Curricular (BNCC), documento de caráter normativo que contém os conteúdos e as aprendizagens essenciais para serem desenvolvidos ao longo da vida escolar.

Porém, o ensino de PLE e PL2 não tem parâmetros orientadores oficiais, considerando essa especificidade de área docente. Um exemplo nesse sentido é o Quadro de Referência para o Ensino de Português no Estrangeiro – Quarepe (Grosso, 2011), uma iniciativa do governo português.

Um currículo deve fornecer um planejamento dos propósitos gerais de um curso e servir de base teórica para a elaboração de programas, materiais didáticos e processos de avaliação. No entanto, não deve ser visto como um conjunto de orientações impositivas a serem seguidas verticalmente, e sim um modo de valorizar e proporcionar discussões, reflexões e instruções para a melhoria das práticas de ensino em geral.

Segundo Coll (1996, p. 45, citado por Bulla, 2014, p. 38), currículo é "o projeto que preside as atividades educativas escolares, define suas intenções e proporciona guias de ação adequadas e úteis para os professores, que são diretamente responsáveis pela sua execução". Conforme Coll (1996, citado por Kraemer, 2012, p. 48-49), para que possa cumprir suas funções, o currículo deve contemplar as seguintes premissas: "o que ensinar [...] quando ensinar [...] como ensinar [...] que, como e quando avaliar".

Porém, mesmo com a existência de currículos norteadores em um plano maior, é preciso construir currículos destinados a suprir as necessidades do espaço mais próximo de atuação. Com isso, os docentes terão informações mais diluídas e aplicáveis no meio em que estiverem atuando. Essas orientações são muito úteis para os estagiários e os novos professores que ingressam nas instituições e precisam entender seu funcionamento e suas características particulares. Para esse objetivo, sugerimos a elaboração de um currículo que contenha: apresentação dos cursos ofertados pela instituição; informações sobre seus objetivos, características, conteúdo programático, processo de avaliação e perfil dos alunos egressos dos níveis anteriores; informações gerais sobre os direcionamentos teórico-metodológicos; e orientações práticas aos professores.

Para concluir, apresentamos, a seguir, um exemplo de elaboração de perfil do aluno egresso do nível básico. O próximo nível a que ele estaria apto seria o pré-intermediário ou o intermediário, dependendo da configuração adotada pela instituição. O Quadro 5.3 mostra as habilidades que os alunos devem ter ao final dos cursos de nível básico.

QUADRO 5.3 – PERFIL DE ALUNOS EGRESSOS DO NÍVEL BÁSICO

Compreensão oral e escrita	Produção oral e escrita
Compreender seu interlocutor relativamente próximo ao ritmo natural de fala discorrendo sobre assuntos diversos de contexto relativamente conhecido, com alguns pedidos de repetição. Compreender textos relativamente longos de vários gêneros textuais abordando assuntos variados em que predomine vocabulário conhecido e significativo ao aluno. Usar estratégias comunicativas, orais ou escritas, para tentar deduzir o significado da fala ou do texto e a intenção comunicativa do interlocutor.	Adequação interacional e fluência Contribuir para o desenvolvimento da interação. Embora apresente frequentemente fala monitorada mesmo em situações informais, tem relativa autonomia e capacidade de continuar a conversa fazendo comentários, algumas descrições, eventuais argumentações e justificando-se. Pode, por exemplo, descrever acontecimentos, falar sobre memórias, planos futuros. Interagir de maneira relativamente natural, porém não necessariamente de forma espontaneidade. Pode fazer algumas repetições e reestruturações de frases e apresentar hesitações frequentes no fluxo da fala.

(continua)

(Quadro 5.3 – continuação)

Compreensão oral e escrita	Produção oral e escrita
Definir situações quanto ao seu aspecto temporal das formas verbais mais usadas do indicativo, também do imperativo e do gerúndio, embora apresente dúvidas quanto à conjugação verbal correta, sobretudo dos passados. Reconhecer textos orais e escritos quanto à sua formalidade e informalidade. Perceber expressões de surpresa e descontentamento de uso corrente. Compreender descrições de acontecimentos, memórias, planos futuros, sentimentos e desejos. Compreender as ideias principais de áudios e vídeos em linguagem corrente e clara e poder falar sobre o que entendeu.	**Adequação lexical** Utilizar vocabulário relativamente amplo, embora apresente inadequações de vocabulário e estruturas, consegue falar sobre vários assuntos, usa frequentemente sinônimos e marcadores textuais (conjunções e palavras que contribuem para dar continuidade ao discurso). **Adequação gramatical** Utilizar os tempos verbais mais frequentes do modo indicativo, modo imperativo (formal e informal), embora apresente dúvidas quanto a conjugação verbal dos passados. Utilizar a ordem das palavras na frase relativamente bem, fazendo algumas trocas, embora consiga se fazer entender em ritmo relativamente próximo ao natural de fala. **Pronúncia** Comunicar-se apresentando várias interferências na pronúncia e dificuldade em falar com o ritmo acentual ou enfático da língua portuguesa.

(Quadro 5.3 – conclusão)

Compreensão oral e escrita	Produção oral e escrita
	Produção escrita Escrever textos simples, como *e-mails* pessoais contando fatos, convidando, pedindo ou agradecendo alguma coisa. Escreve textos informativos e narrativos contando suas experiências, biografias curtas, preenche fichas e formulários simples.

*Este nível equivale às descrições do nível A2 do Quadro Europeu Comum de Referência para Línguas.

FONTE: Celin-UFPR.

Síntese

Neste capítulo, apresentamos orientações práticas que possam contribuir para quem ainda não iniciou a docência na área de PLE e PL2, além de acrescentar discussões e ideias que possam ser úteis para os que já lecionam.

Como os primeiros capítulos foram mais teóricos, neste, procuramos aplicar os conteúdos apresentados e adicionamos relatos de experiências vividas. Acreditamos que os conceitos teóricos são fundamentais, e analisá-los criticamente é de suma importância para a prática do ensino. Por *análise crítica*, entendemos um olhar panorâmico que considera cada um dos participantes do processo e observa os significados criados por eles, assim como suas intenções e seus objetivos.

Destacamos algumas áreas de atuação do ensino de PLE e PL2, falamos sobre desafios que ainda precisam ser superados e discorremos sobre planos de aula, programas e currículos de curso. Consideramos que os estudos teóricos são fundamentais e é igualmente importante (tentar) projetá-los nas vivências práticas.

Atividades de autoavaliação

1. As modalidades de ensino para PLE e PL2 ocorrem de modo semelhante às de outras línguas estrangeiras. Existem várias possibilidades, que envolvem principalmente aulas individuais e em grupos.

    Associe as características a seguir a cada modalidade de ensino de PLE e PL2:

    1. Aulas particulares.
    2. Aulas individuais em instituições de ensino.
    3. Aulas em grupo.
    4. Cursos *on-line* ou a distância.

    (   ) Apresentam muitos desafios, como o desenvolvimento da interação oral, porém têm ampliado oportunidades de atuação e de pesquisa para professores de línguas.

    (   ) Apresentam caráter mais independente e o professor estabelece o próprio planejamento, podendo criar suas aulas de forma a atender aos alunos de acordo com suas intenções ou concepções de ensino.

( ) Há grande proximidade entre professores e alunos, o que pode ser proveitoso e extrapolar os propósitos de ensino. É necessário seguir planos de trabalho especificados pelas instituições que organizam as aulas.

( ) Aumentam o grau de dificuldade para acompanhar e atender a todos os alunos. Os professores devem empenhar-se em criar situações de aprendizagem que contribuam para os muitos interesses e as necessidades dos alunos.

Assinale a alternativa que corresponde à sequência correta:

a. 4, 2, 3, 1.
b. 2, 4, 3, 1.
c. 1, 4, 2, 3.
d. 4, 1, 2, 3.

2. Estar preparado para ensinar envolve uma série de conhecimentos de formação acadêmica, sensibilidade, paciência e postura. A prática de ensino requer dos professores capacidade de viabilizar o conhecimento e identificar o que os alunos precisam para, assim, auxiliá-los efetivamente.

Sobre o desenvolvimento e à organização de cursos e aulas de PLE e PL2, analise as afirmativas a seguir e marque V para as verdadeiras e F para as falsas.

( ) Elaborar testes de nivelamento que permitam identificar o nível de proficiência apresentado pelos alunos.

(   ) Concentrar os esforços nas práticas de ensino, tendo em vista o dia a dia das aulas, e procurar solucionar os problemas desconsiderando conceitos teóricos.

(   ) Juntar o máximo possível de informações sobre o perfil dos alunos e procurar materiais didáticos ou elaborá-los de modo que possam contribuir para viabilizar o ensino.

(   ) Fazer uma opção consciente sobre as possibilidades de organização e planejamento das aulas, identificando os tópicos a serem ensinados e desenvolvendo atividades e tarefas condizentes com as práticas sociais de linguagem.

Assinale a alternativa que corresponde à sequência correta:

a. V, V, V, F.
b. V, V, F, V.
c. V, V, F, F.
d. V, F, V, V.

3. É possível fazer o planejamento das aulas de muitas maneiras. No entanto, é necessário favorecer o bom desenvolvimento das propostas de ensino, e, para isso, o planejamento deve conter um estudo sobre os objetivos da aula e os conteúdos e as atividades a serem trabalhadas.

Sobre a produção de planos de aula, analise as afirmativas a seguir e marque V para as verdadeiras e F para as falsas.

(   ) Os professores devem colocar as necessidades e os interesses dos alunos no centro das reflexões e procurar criar situações de interlocução que instiguem os estudantes a interagir.

( ) Existe apenas um formato ideal de plano de aula que está ligado a cada passo a ser dado durante as aulas, independentemente do desenvolvimento da interação.
( ) O plano de aula é necessário para definir o tempo de cada atividade da aula que deve ser seguido pontualmente.
( ) O plano de aula é importante para projetar momentos produtivos e de interação, criando propostas ou revendo o que o livro didático apresenta.

Assinale a alternativa que corresponde à sequência correta:
( ) F, V, F, F.
( ) V, F, F, V.
( ) F, V, V, V.
( ) F, F, V, F.

4. Os programas de curso geralmente seguem os conteúdos e as orientações teórico-metodológicas dos livros didáticos adotados e utilizam inclusive a descrição feita de cada unidade do livro. As escolhas feitas pelos programas influenciam enormemente as aulas, caso eles sejam seguidos.

Sobre a elaboração de programas de curso, analise as afirmativas a seguir e marque V para as verdadeiras e F para as falsas.
( ) Como as gramáticas das línguas são únicas, a abordagem gramatical propõe o ensino da gramática como a prática de recursos linguísticos.
( ) Devem constar em um programa de curso os objetivos sociolinguísticos e os gêneros textuais e discursivos que serão praticados como textos-base e para a produção das tarefas de escrita e leitura.

( ) O modo como é entendida a exploração dos tópicos gramaticais também deve ficar claro no programa de curso.

( ) É possível conceber programas de curso privilegiando como unidade central os gêneros textuais e discursivos.

Assinale a alternativa que corresponde à sequência correta:

a. V, F, V, V.
b. F, V, V, V.
c. V, F, F, V.
d. V, V, V, V.

5. Para cursos de línguas, é preciso elaborar planos que sejam norteadores. Mesmo nas aulas particulares, é importante ter descrito o que se pretende fazer e o que já foi praticado nas aulas.

Sobre os currículos de cursos de línguas, analise as afirmativas a seguir e marque V para as verdadeiras e F para as falsas

( ) São informações sobre o que será feito na aula.

( ) São planificações gerais sobre diversas atividades que envolvem todo o trabalho didático referente aos cursos de línguas de uma instituição de ensino.

( ) No Brasil, existem vários descritores com os parâmetros orientadores para o ensino de PLE e PL2.

( ) Pode constar de um currículo a apresentação dos cursos ofertados, seus objetivos, as características e os conteúdos programáticos, o perfil dos alunos, o perfil esperado para os alunos egressos e informações sobre avaliação.

Assinale a alternativa que corresponde à sequência correta:
a. F, V, V, V.
b. V, V, F, V.
c. F, V, V, F.
d. F, V, F, V.

Atividades de aprendizagem

Questões para reflexão

1. Que temas podem ser explorados no início dos cursos (por exemplo, cuidados com a saúde, localização na cidade etc.)? Sugira três.

2. Que atividades avaliativas podemos utilizar nas aulas de PLE e PL2?

Atividade aplicada: prática

1. Desenvolva a programação de uma unidade didática/temática para níveis básicos imaginando o ensino para estudantes refugiados. Escolha o tema, descreva os objetivos socioculturais e sociolinguísticos e sugira alguns gêneros textuais e discursivos e os recursos linguísticos que poderão ser explorados.

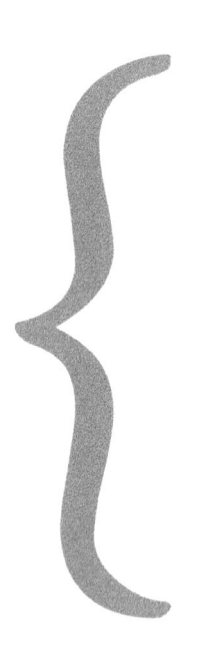

{

um	Aquisição de língua estrangeira: reflexões sobre o ensino-aprendizagem de PLE e PL2
dois	Abordagens metodológicas para o ensino de PLE e PL2
três	Diversidade cultural e linguística nas aulas de PLE e PL2
quatro	Efeitos retroativos do exame Celpe-Bras no ensino de PLE e PL2 e na organização de cursos e programas
cinco	Planejamento e elaboração de cursos e aulas de PLE e PL2
# seis	Variação linguística e ensino de PLE e PL2

{

O ÚLTIMO CAPÍTULO deste livro destina-se a fazer reflexões sobre variação linguística e ensino de português língua estrangeira (PLE) e português segunda língua (PL2). Consideramos que esse assunto é de vital importância para a formação de professores dessa área e não poderíamos deixar de mencionar alguns conceitos e análises que certamente estão ligados às práticas de ensino de português para estudantes estrangeiros.

Questionamentos sobre como se escreve e como se pronuncia uma palavra, qual é a maneira correta de falar e qual é o melhor sotaque podem surgir nas aulas de português, e os professores precisam se posicionar em relação a isso. Pretendemos, neste capítulo, contribuir com observações para que os professores possam orientar seus alunos. Dessa forma, apresentaremos algumas sugestões e exemplos de situações já vivenciadas em sala de aula de PLE e PL2.

seispontoum
O que é variação linguística?

A variação linguística é uma característica própria das línguas e, embora algumas variem mais do que outras, é comum elas apresentarem diversificação no modo de falar. Um exemplo é o nome de um alimento que é uma raiz e que existe em todo o Brasil: a mandioca, também conhecida como *aipim* e *macaxeira*. A lista de palavras pode ser ainda maior, dependendo do lugar em que estivermos. Temos, então, um exemplo de um alimento que pode ser chamado de várias maneiras. Qual é a forma correta? Todas, pois cada região adotou um ou mais nomes e seus habitantes compreendem perfeitamente do que se trata.

Mas a variação linguística não é apenas de palavras ou vocábulos, pois existem muitos tipos de variações que compõem as línguas. Há sotaques e modos de falar que são mais comuns entre grupos que tiveram experiências culturais e educacionais diferentes. Um país grande como o nosso e com tantas misturas certamente apresenta diferenças, refletindo a grande diversidade social, étnica, econômica e geográfica que o caracteriza. Porém, o tamanho do país não implica necessariamente uma grande variedade, pois locais pequenos também apresentam variação linguística.

Segundo Ilari e Basso (2011), as principais formas de variação linguística são:

- **variação diacrônica**: de acordo com a passagem do tempo;
- **variação diatópica**: de acordo com a região;

- variação diastrática: de acordo com os estratos sociais;
- variação diaméstica: de acordo com o uso feito por diversos meios ou veículos de comunicação.

Os autores descrevem algumas situações muito características que influenciam enormemente a variação nas línguas. De todos os itens citados, um em especial considera um fator que está continuamente em processo de mudança: a passagem do tempo. Todos concordam que não podemos parar o tempo e, por conta disso, tudo se modifica, ficamos mais velhos, as mudanças climáticas e o trabalho realizado pelas pessoas transformam a paisagem, mudando continuamente o mundo e nós também. Temos fases da vida marcadas pela ação do tempo: a infância, a adolescência, a vida adulta e a velhice. Isso ocorre porque somos um organismo vivo e a linguagem é inerente a nós. Ela sofre mudanças porque também é um organismo vivo como nós e nos forma como sujeitos ou, segundo Franchi (1992), é parte constitutiva dos seres humanos.

Pelas razões apresentadas, não podemos desconectar a língua que falamos de nós mesmos. Como somos sujeitos às mudanças do tempo, a língua também sofre essas ações. É fácil perceber isso, basta ouvir músicas e ler textos antigos.

Além da mudança no decorrer do tempo, há a variação por consequência de fatores geográficos, de estratos sociais, níveis de escolaridade etc.

Na apresentação do livro *História sociopolítica da língua portuguesa*, Faraco (2016, p. 9) afirma que

> As línguas são fascinantes. Não há aspecto delas que não nos maravilhe, seja sua enorme complexidade estrutural e social, seja sua imensa heterogeneidade, seja ainda o fato de que são realidades com história. Mudam constantemente no eixo do tempo, e estas mudanças não se dão nem para melhor, nem para pior; as línguas não melhoram, mas também não decaem – elas simplesmente mudam.

Curiosamente, existe uma falsa ideia de que a língua e a linguagem são imutáveis, monolíticas e estão fora de nós, são um modelo de perfeição e devemos buscar nos aproximar desse ideal.

Ainda segundo Faraco (2005, p. 31), "pesquisas sociolinguísticas (que se estruturam a partir da década de 1960) têm demonstrado que não existe língua homogênea: toda e qualquer língua é um conjunto heterogêneo de variedades". Porém, o autor diz que ainda não temos discutido de forma adequada toda a realidade linguística heterogênea em que estamos envolvidos nem as consequências disso, como a violência simbólica que permeia essa realidade (Faraco, 2008).

Temos visto na mídia muitas críticas e discussões sobre vários tipos de discriminação, o que é importante, mas a preocupação com o preconceito linguístico parece não ocorrer na mesma medida.

Há um exemplo bastante interessante, que é a utilização de *r* no lugar de *l*, como em *bicicreta* e *brusa*. Se ouvirmos alguém falando assim, logo vamos imaginar que essa pessoa não estudou muito ou que conviveu com pessoas que falavam assim. Isso é frequentemente chamado de *variante estigmatizada*. No entanto, algumas palavras no português arcaico também passaram por esse fenômeno, porém o termo permanece até hoje e todos o falamos. Por exemplo: *igreja*. Ainda hoje, em espanhol, fala-se *iglesia*. Mas, quando falamos *igreja*, não associamos o termo ao mesmo efeito provocado por *brusa*. Tudo depende das percepções que temos e das visões que construímos socialmente.

Para concluir esta seção, conceituaremos alguns termos que são muito comuns nos estudos de variação linguística: *variação*, *variante* e *variedade*.

Variação refere-se ao conjunto de variedades que compõem uma língua e podem ocorrer em diferentes campos de estudo da linguística, como a fonética, a fonologia, a sintaxe, a morfologia e a semântica.

Os termos *variante* e *variedade* são frequentemente empregados como sinônimos, mas podemos diferenciá-los.

Variedade é um tipo de manifestação que congrega um conjunto de características da linguagem de determinados grupos. Podemos dizer que uma língua tem muitas variedades: os sotaques mineiro, paulista, carioca e gaúcho, por exemplo, são variedades do português brasileiro.

Variante está relacionada à variação que apresenta determinado item linguístico. Se observarmos a letra *t*, veremos que ela é pronunciada de duas maneiras diferentes, como nos sotaques de Florianópolis [tia] e de Curitiba [tʃia]. Temos, nesse caso, uma variante, isto é, uma mesma letra com duas possibilidades de pronúncia.

seispontodois
Heterogeneidade do português brasileiro

Todas as línguas variam sob a influência de diversos fatores. Para Castilho (2010), a variação pode ser geográfica, sociocultural, individual, de canal (falado ou escrito) e temática (português corrente ou técnico).

Desse modo, entendemos que, segundo Faraco (2008, p. 33),

> *No plano empírico, uma língua é constituída por um conjunto de variedades. Em outras palavras, não existe língua para além ou acima do conjunto das suas variedades constitutivas, nem existe a língua de um lado e as variedades de outro, como muitas vezes se acredita no senso comum: empiricamente a língua é o próprio conjunto das variedades. Trata-se, portanto, de uma realidade intrinsecamente heterogênea.*

O autor observa que, segundo Edward Sapir, toda e qualquer manifestação verbal (norma linguística ou variedade linguística) tem organização e gramática e utiliza a expressão *plenitude formal* (Faraco, 2008) para designar esse conceito. Assim, dizer que algumas variedades são erradas, desestruturadas ou corrompidas do ponto de vista linguístico é um pensamento equivocado.

Para Faraco (2008, p. 37), é possível "conceituar tecnicamente norma como determinado conjunto de fenômenos linguísticos (fonológicos, morfológicos, sintáticos e lexicais) que são correntes, costumeiros, habituais numa dada comunidade de fala". Um mesmo falante pode dominar mais do que uma norma, assim como pode falar mais de um idioma. Estamos o tempo todo adequando nosso modo de falar de acordo com as práticas correntes de cada comunidade e também podemos misturar as variedades ou normas. No entanto, o conjunto de regras que constituem a língua têm diferentes graus de prestígio social. No português do Brasil, destacam-se a *norma-padrão* ou *gramatical* e a *norma culta, comum* ou *standard*, conforme menciona Faraco (2008). O autor faz duras críticas à norma-padrão, a qual chama também de *norma curta*, por ser normatizante e limitadora dos usos. Essa norma é herança de um processo padronizador fixado ainda no século XIX e que persiste até nossos dias nas gramáticas normativas e alimenta um purismo exacerbado.

Entretanto, parece não haver como limitar os fenômenos linguísticos, pois as línguas estão em constante mudança. Segundo Faraco (2008, p. 104), "não dispomos de meios para cercá-las, para riscar um traço a seu redor, para desenhar uma linha que as contenha". Novos falares e novos usos gramaticais se estabelecem ao longo dos anos, o que é normal em todas as línguas, formando um mosaico complexo de um conjunto múltiplo e entrecruzado de variedades.

A questão para o ensino, seja de língua materna, seja de língua estrangeira, é qual ou quais variedades devem ser ensinadas. De acordo com Faraco (2008, p. 176), "parece que não sabemos, de fato, o que fazer com a variedade linguística na escola. E o que temos feito é seguramente bastante inadequado". Nessa realidade, a escolha da gramática a ser adotada ou a gramática que tomamos como referência direciona nossas práticas.

Conforme Borges Neto (2016, p. 267), a "'gramática' é um gênero textual que surgiu na Antiguidade Clássica. Fruto de uma 'teoria' da linguagem criada pelos filósofos gregos e desenvolvida pelos latinos". Embora existam dúvidas quanto à datação do texto, acredita-se que o documento gramatical mais antigo que conhecemos tenha sido escrito por Dionício Trácio, por volta de 100 a.C. Essa gramática "destinava-se, fundamentalmente, a estabelecer normas para a edição e fixação de textos literários (no caso, basicamente os textos de Homero)" e seu objetivo era a crítica textual, "partia do texto literário e procurava estabelecer as formas corretas de ler esses textos". (Borges Neto, 2016, p. 267-268). O autor destaca que não podemos nos esquecer do fato de que nessa época não havia o hábito de ler senão em voz alta.

Curiosamente, excertos de textos literários são usados como ponto de análise (em alguns casos exclusivamente) de um grande número de gramáticas ainda hoje e busca-se estabelecer regras de correção linguística com base na norma literária ou escrita. Nessa mesma linha foi criada a gramática de João de Barros em Portugal no século XVI, em que o autor diz ser gramática "um modo certo e justo de falar e escrever, colheito do uso e autoridade dos barões doutos" (Barros, 1971 [1540], p. 293, citado por Borges Neto, 2016, p. 268).

Atualmente, podemos encontrar alguns trabalhos que se afastam do modelo greco-latino, em que escrever uma gramática é sinônimo de escrever normas prescritivas da língua. Alguns exemplos nesse sentido são a *Nova gramática do português brasileiro*, de Ataliba Castilho (2010); a *Gramática do português brasileiro*, de Mário Perini (2010); e a *Gramática pedagógica do português brasileiro*, de Marcos Bagno (2011). Vejamos como são apresentados os pronomes do português brasileiro pela primeira gramática citada, a de Ataliba Castilho:

QUADRO 6.1 – QUADRO DOS PRONOMES PESSOAIS NO PORTUGUÊS BRASILEIRO

PESSOA	PB FORMAL		PB INFORMAL	
	Sujeito	Complemento	Sujeito	Complemento
1ª pessoa sg.	eu	me, mim, comigo	eu, a gente	eu, me, mim, Prep. + eu, mim
2ª pessoa sg.	tu, você, o senhor, a senhora	te, ti, contigo, Prep. + o senhor, com a senhora	você/ocê/tu	você/ocê/cê, te ti, Prep. + você/ocê (= docê, cocê)
3ª pessoa sg.	ele, ela	o/a, lhe, se si, consigo	ele/ei, ela	ele, ela, lhe, Prep. + ele, ela

(continua)

(Quadro 6.1 – conclusão)

PESSOA	PB FORMAL		PB INFORMAL	
	Sujeito	Complemento	Sujeito	Complemento
1ª pessoa pl.	nós	nos, conosco	a gente	a gente, Prep. + a gente
2ª pessoa pl.	vós, os senhores, as senhoras	vos, convosco, Prep. + os senhores, as senhoras	vocês/ocês/cês	vocês/ocês/cês, Prep. + vocês/ocês
3ª pessoa pl.	eles, elas	os/as, lhes, se si, consigo	eles/eis, elas	eles/eis, elas, Prep. + eles/eis, elas

FONTE: Castilho, 2010, p. 477.

No Quadro 6.1, existem duas colunas, cada uma com um registro: formal e informal. Esses exemplos são muito proveitosos para os professores de PLE e PL2 porque conseguem ser abrangentes, proporcionando, com isso, a inclusão de diferentes variedades da língua.

seispontotrês
Práticas de ensino de PLE e PL2 e variação linguística

A variação linguística é um tópico que surge tanto nas aulas de português como língua materna quanto nas de língua estrangeira.

Porém, isso acontece de perspectivas diferentes. Na escola regular, a grande preocupação é o ensino da norma de prestígio da língua, ou seja, a aquela que é aceita socialmente, que é ensinada nas gramáticas e em dicionários. É totalmente compreensível que tenhamos uma padronização escrita da língua para que possamos compartilhar os mesmos textos e o mesmo código comunicativo. Isso favorece o trânsito de informações e o sistema de aprendizagem como um todo. De um modo geral, o ensino de língua materna prioriza a escrita e a leitura. Nas aulas de português para estrangeiros, precisamos, além dessas habilidades, dar grande ênfase à oralidade. Conforme já mencionamos, essa é uma das principais diferenças entre as práticas de ensino de língua materna e de língua estrangeira. Os falantes nativos iniciam o processo de letramento/alfabetização podendo se comunicar fluentemente, mas os estrangeiros, embora já dominem a escrita, precisam praticar muito a expressão oral.

Vejamos o que diz um livro de PLE e PL2.

> ### Excerto de texto da quarta capa do livro *Panorama Brasil*
>
> O Brasil vem se destacando cada vez mais no cenário econômico mundial. Todos os dias, mais e mais empresas e profissionais estrangeiros chegam aqui para concretizar negócios e participar ativamente na nossa economia. Torna-se, portanto, essencial o ensino e o aprendizado do idioma português falado no Brasil por parte de todos os protagonistas desse universo.

FONTE: Ponce; Fiorissi; Burim, 2006.

Como podemos observar, a preocupação com a língua falada é evidente e isso implica grandes desafios para professores e elaboradores de materiais didáticos.

Como o campo de estudos do PLE e PL2 ainda não está consolidada em universidades brasileiras, as referências para a organização do ensino na área demonstram certa fragilidade na questão gramatical e de variação linguística.

A inexistência de uma gramática do português brasileiro voltada às necessidades de aprendizagem de alunos estrangeiros leva os professores a buscar informações nas gramáticas em geral do português, porém não encontram explicações e orientações suficientes. Isso ocorre porque a maioria dessas gramáticas fornece dados sobre a língua *standard,* ou o padrão culto, e o português falado na maioria das situações sociais e profissionais distancia-se consideravelmente desse padrão. Além disso, as gramáticas não contêm explicações suficientes do ponto de vista de um aprendiz estrangeiro. Mas como seriam essas explicações? Professores e alunos de PLE e PL2 precisam de subsídios para, respectivamente, explicar e entender o funcionamento das estruturas linguísticas. Vejamos um exemplo. Quando se usam as preposições *para* e *por*? Como um professor explicaria? Só dar exemplos não é suficiente. O aluno quer entender o mecanismo que subjaz ao uso dessas palavras. Nenhuma gramática da língua portuguesa contém informações suficientes sobre esse tópico. Diante de questões como essas, o docente poderá recorrer a orientações da estratégia implícita de aprendizagem, em que não se explicam as regras, mas se indica a prática de uso para mais tarde perceber seu funcionamento. Isso poderá causar um verdadeiro desespero para muitos alunos de

PL2 que estão em imersão e precisam evoluir rapidamente. Se o professor se propuser a explicar, um caminho é sempre observar o ambiente em que as palavras são utilizadas, o que pode funcionar para muitas questões estruturais da língua. Vejamos as frases:

> — Eu vou viajar **pelo** Nordeste.
> — Eu vou viajar **para** o Nordeste.

Utilizamos como exemplo duas frases com o português *standard*, e não o português do registro informal. É uma opção, porque estamos escrevendo, mas poderíamos ter escrito em linguagem informal, porém seria necessário o travessão para iniciar as frases.

Voltando ao exemplo, o que difere a preposição usada? No primeiro exemplo, em "viajar pelo Nordeste", há a ideia de que a pessoa que fala passará por vários lugares e não será uma viagem para apenas um ponto ou uma cidade, mas seguindo um roteiro que implica um tempo relativamente maior. No segundo exemplo, em "viajar para o Nordeste", há uma informação que define o destino da viagem de modo pontual. No momento da fala, isso é suficiente, por alguma razão. A preposição *para* contribui para o sentido de destino, localização e finalidade. Vejamos mais um exemplo:

> — Eu vim **pro** Brasil **pra** estudar.

Nessa frase, a preposição *para* está presente em dois momentos e com dois sentidos ou atribuições diferentes. A primeira ocorrência indica destino e a segunda, finalidade. Vale destacar que as preposições fazem combinação com os artigos quando necessário.

Comentamos o uso da preposição *para* e deixamos para você pensar quais são os possíveis usos de *por* e das combinações *pelo* e *pela*. Adiantamos que são no mínimo quatro usos diferentes.

Nos exemplos mostrados, procuramos fornecer situações de registro formal e informal. O que isso significa? Os registros são considerados variedades da língua com funções ou usos distintos. Não podemos nos esquecer de que a comunicação ocorre de forma dialógica, conforme explica Bakhtin (2011), e essa relação envolve muitos elementos do ato comunicativo, agora nos termos de Charaudeau (2012). Ela está ligada a níveis de formalidade e de informalidade. Podemos dizer que há, no português brasileiro, mesmo fazendo uma observação empírica como usuários de diferentes registros dessa língua, no mínimo quatro registros perceptíveis, quais sejam:

1. **português brasileiro informal estigmatizado**: envolve expressões não escolarizadas e quase totalmente orais;
2. **português brasileiro informal standard**: preferencialmente oral, ocorre em situações diversas do meio profissional e educacional. É o registro em que os alunos mais estarão em contato em situações de imersão;
3. **português brasileiro formal standard**: preferencialmente escrito, ocorre também em situações do meio profissional e educacional e está relativamente de acordo com as normas das gramáticas que prescrevem os usos da língua;

4. **português brasileiro (super) formal**: seria a linguagem utilizada em situações de extrema formalidade, seja escrita, seja falada, mas preferencialmente escrita, que é empregada em textos jurídicos e documentos. Segue obrigatoriamente as normas das gramáticas mais conservadoras da língua.

Como podemos observar, existem diferentes registros, os quais são utilizados em situações diversas, por pessoas de estratos sociais distintos e em condições comunicativas variadas.

Os professores devem ensinar todos esses registros aos alunos? É necessário, primeiro, que os docentes tenham esse conhecimento e que possam refletir sobre isso. Nem tudo o que eles devem saber precisa ser explicado aos alunos diretamente, mas isso contribuiria para nortear as ações docentes. No entanto, é possível sim que os alunos de PLE e PL2 sejam sensibilizados quanto ao fato de que o português brasileiro apresenta diferentes registros ou níveis de formalidade/informalidade. Se nas atividades dos livros didáticos forem utilizados dois registros, os chamados *standard*, já será um grande avanço e um grande auxílio para o potencial comunicativo dos alunos. O trabalho com diferentes gêneros textuais ou discursivos certamente contribuirá para que os alunos tenham acesso a esses registros.

Se observarmos os livros didáticos de língua inglesa, encontraremos desde os níveis básicos as abreviações mais comuns da oralidade, como *it's, I don't, I gonna* e *I wanna*, entre outras. Por que, então, nos livros didáticos de PLE e PL2, raramente vemos reduções muito frequentes, como *tá* (está), *tô* (estou), *pra* (para/para a)/*pro* (para o) etc. e, curiosamente, nem nos áudios que acompanham os livros isso é comum? É compreensível que os alunos estrangeiros precisem escrever de acordo com a norma escrita culta, mas, se eles falarem também nessa norma, será inadequado, porque ninguém fala "— Eu **estou** feliz porque **vou para** a praia amanhã". As pessoas dizem "— Eu **tô** feliz porque **vô pra** praia amanhã". Vale destacar que iniciamos as frases com o sinal de travessão (—), que indica fala ou diálogo.

Se procurarmos nos livros didáticos de PLE e PL2 publicados, encontraremos poucas situações de ensino que contemplem a variedade oral do português brasileiro. Um exemplo está no livro *Viva! Língua portuguesa para estrangeiros* (Romanichen, 2010) que apresenta a transcrição de um diálogo em situação cotidiana entre duas amigas. Uma delas convida a outra para sair, e esta conta sobre sua rotina diária: "Almoço correndo e às duas [horas] volto para o escritório. Às seis e meia saio do trabalho e, às sete, pego a minha sobrinha no balé e a deixo na casa da minha irmã, que fica bem perto, e é caminho para mim" (Romanichen, 2010, p. 28).

Poderíamos apontar várias questões para serem analisadas, mas destacaremos o caso que nos parece mais relevante. Como já mencionamos, trata-se de um diálogo em situação cotidiana. Ao responder ao convite da amiga para sair, uma delas descreve tudo o que faz durante o dia e, em certo momento, utiliza o pronome oblíquo átono *a* para substituir a palavra *sobrinha*, no trecho "e, às sete, pego a minha sobrinha no balé e **a** deixo na casa da minha irmã" (Romanichen, 2010, p. 28, grifo nosso). Essa construção é muito pouco provável em uma situação de oralidade informal, na qual a mais frequente é a forma "e deixo **ela** na casa da minha irmã".

Vejamos outro exemplo, agora do livro *Novo Avenida Brasil: curso básico de português para estrangeiros* (Lima et al., 2008), que também representa um diálogo.

> — Você leva as crianças à escola?
> — Claro! Eu as levo todo dia. E depois vou buscá-las.

FONTE: Lima et al., 2008, p. 43, grifo nosso.

Nesse exemplo, há uma maneira de falar muito artificial, pois não falamos desse modo. O mais provável na oralidade seria:

> — Você leva as crianças pra escola?
> — Claro! Eu levo elas todo dia. E depois vô buscá.

O segundo exemplo causa muito estranhamento quando lido. Mas é possível que, se os professores praticassem com seus alunos os registros orais e escritos adequadamente, eles teriam mais possibilidade de compreender o funcionamento e a dinâmica da nossa língua.

Assumir a prática do registro vernáculo (popular) geralmente causa estranhamento para os professores de PLE, que preferem apenas explicar oralmente essas construções em sala de aula e dificilmente preparariam um exercício para que os alunos sistematizassem essas estruturas. Não estaríamos, assim, repetindo velhos preceitos de que existe apenas uma maneira de escrever e falar que é a das gramáticas da norma culta?

Para concluir, gostaríamos de mencionar que os livros didáticos citados como exemplo são importantes iniciativas para o desenvolvimento do ensino de PLE e PL2. A produção de materiais didáticos nessa área é um grande desafio e as publicações devem ser respeitadas, pois envolvem esforço e dedicação. Fizemos nesse texto alguns comentários com o intuito de contribuir para que novas obras continuem sendo ainda mais proveitosas.

A variação linguística ainda é um campo a ser discutido e analisado, inclusive pela área de ensino-aprendizagem de PLE e PL2.

seispontoquatro
Reflexões sobre o ensino da diversidade linguística do português brasileiro

Sabemos que as diferentes regiões do Brasil apresentam sotaques, alguns mais marcados do que outros. Podemos identificar facilmente quando alguém está falando com sotaque carioca, por exemplo, e o mesmo ocorre em relação a gaúchos, mineiros, paulistanos, florianopolitanos, amazonenses e baianos, entre outros. Essas falas apresentam características muito específicas e, embora todos se entendam e consigam se identificar como falantes de uma mesma língua, trazem marcas muito próprias que identificam sua proveniência.

Alguns fonemas estão mais sujeitos a variar dependendo do lugar do país. É o caso de /r/, /s/, /t/ e /d/. Nesse sentido, o fonema /r/ parece ser o campeão. Vejamos no Quadro 6.2 algumas possibilidades de uso do /r/.

Quadro 6.2 – Possibilidades de pronúncia do fonema /r/

		Ambiente	Exemplo	Belo Horizonte	Rio de Janeiro	Caipira	Portugal
Grupo 1	/l/ Fraco	Intervocálica	caro	[ɾ]	[ɾ]	[ɾ]	[ɾ]
		Seguindo C[*] na mesma sílaba	prato	[ɾ]	[ɾ]	[ɾ]	[ɾ]
Grupo 2	/R/ Forte	Intervocálica	carro	[h]	[X]	[ř]	[ř]
		Início de palavra	rua	[h]	[X]	[ř]	[ř]
		Seguindo C em outra sílaba	Israel	[h]	[X]	[ř]	[ř]
Grupo 3	/R/ Pós-vocálico	Final de palavra	mar	[h]	[X]	[ɹ]	[ɾ]
		Final de sílaba antes de C voz.[*]	gordo	[ɦ]	[ɣ]	[ɹ]	[ɾ]
		Final de sílaba antes de C desvoz.[*]	torto	[h]	[X]	[ɹ]	[ɾ]

FONTE: Silva, 2008, p. 143.

* C – consoante; desvoz – desvozeado (surdo); voz. – vozeado (sonoro).

Como podemos observar, há três divisões:

1. A primeira mostra o /r/ fraco, que também é chamado *tepe*, e ocorre em posição intervocálica e seguido de consoante (C) na mesma sílaba; esse fonema não tem alteração em nenhuma das possibilidades analisadas.
2. A segunda descreve a pronúncia bastante variada do chamado /r/ forte; os símbolos mostrados fazem parte da tabela fonética internacional.
3. A terceira contém possibilidades de pronúncia do /r/ no fim de palavras; veja que o segundo alofone (diferentes pronúncias de um mesmo fonema) dessa coluna equivale ao /r/ retroflexo, comum no sotaque ou dialeto caipira.

Além da pronúncia de alguns fonemas, a entonação também é bastante marcada e caracteriza os sotaques. Trata-se do ritmo específico com o qual as palavras e as frases são pronunciadas. As línguas diferem significativamente quanto à entonação, mas variantes também podem ocorrer nos diferentes falares ou sotaques, os quais pertencem à mesma língua.

Para identificar melhor a entonação, podemos citar o exemplo de franceses falando português. Como na língua francesa as palavras são oxítonas, isto é, com acento na última sílaba, o ritmo das frases é normalmente influenciado por isso, o que nos permite identificar facilmente que se trata de um falante de língua francesa. O japonês também é marcado por pequenas paradas e prolongamentos em alguns pontos da frase. Nas aulas de PLE e PL2, é importante levar os alunos a perceber que as línguas têm ritmo ou entonação. Não se trata daquela que fazemos em sentenças afirmativas, negativas e interrogativas. Essa, aliás, é uma das únicas situações de prática de entonação nos materiais didáticos de línguas estrangeiras e, em especial, de PLE e PL2. No entanto, é preciso trabalhar além disso. Imaginemos a mesma frase falada por estudantes iniciantes, um francês, um japonês e um falante de espanhol. Certamente eles utilizarão traços prosódicos ou de entonação de sua língua materna ou de outra que tenham estudado. Ao desenvolver um pouco mais a proficiência em língua portuguesa, os alunos acabam falando do mesmo modo que as pessoas com as quais estão tendo contato maior, geralmente os professores ou os indivíduos com quem convivem.

Alguns alunos perguntam qual é o melhor sotaque para aprender português. Diante de uma questão como essa, os professores devem orientá-los para que não considerem sotaques como melhores ou piores. Embora saibamos que alguns têm maior prestígio, essa ideia é limitadora. Dizer que o modo de falar das pessoas de um lugar é mais bonito ou melhor do que o das de outros locais é uma atitude cruel e inadequada, pois jeito de cada um é algo que deve ser respeitado.

Conforme Scherre (2005, p. 43, grifo do original), "Em nome da **boa língua** pratica-se a injustiça social, muitas vezes humilhando o ser humano por meio da não aceitação de um de seus bens culturais mais divinos: o domínio inconsciente e pleno de um sistema de comunicação próprio da comunidade ao seu redor".

Os sotaques de prestígio, em geral, assim são entendidos pela condição econômica e política das pessoas que os falam. Então, o que parece feio ou bonito está relacionado à riqueza e ao poder inerente a esses cidadãos, e não a elementos propriamente linguísticos.

seispontocinco
Possibilidades de exploração de variedades linguísticas do português brasileiro

Como vimos em seções anteriores, o português brasileiro, assim como outras línguas, é constituído de variedades, as quais são influenciadas por vários fatores. Também há variação no português falado em Portugal, em Moçambique, em Angola, no Timor-Leste e em Cabo Verde, entre outros países. Existem questionamentos sobre se o português é uma língua ou se são várias. Porém, em um âmbito ainda maior, podemos identificar parentescos entre as línguas neolatinas, mas elas já estão definidas como línguas distintas.

Se estiver ensinado português no Brasil, é essencial que o professor não se limite a mostrar como ele é falado apenas em uma região ou cidade. Em geral, o tema *viagem* é muito frequente nas aulas e nos livros didáticos, e imagens ou textos de diferentes lugares são apresentados até como um atrativo. É importante, então, não apenas comentar sobre vários locais e costumes, mas também fornecer informações e proporcionar aos alunos que tenham contato com diferentes sotaques. Mas como fazer isso?

É possível aproveitar situações de trabalho com vídeos e áudios e procurar diferentes fontes para que, com isso, o professor tenha a oportunidade de colocar os estudantes em contato com os sotaques brasileiros. É interessante contar com a colaboração de amigos e conhecidos de outros estados para gravar alguns depoimentos, solicitando-lhes autorização para mostrá-los aos alunos. Depois de explorar o sentido do que as pessoas disseram nos depoimentos, a compreensão de vocabulário e a discussão sobre o tema, o professor pode propor a observação de marcas da pronúncia e da entonação. Todas as aulas devem ter um momento com essa finalidade. A cada encontro, o docente escolhe um item ou um fonema e solicita aos alunos que o pratiquem. Para desenvolver esse tipo de atividade, é importante escolher palavras que fazem parte dos conteúdos da unidade. No entanto, o professor deve estar ciente de que, nos níveis iniciantes, os estudantes precisam praticar questões básicas e, por isso, mostrar diferentes sotaques e pedir que os alunos os identifiquem provavelmente não será proveitoso. O momento mais propício para isso ocorre nos níveis intermediários.

No entanto, a percepção de diferentes registros (formal e informal) deve ser feita desde o início, também com cuidado para que os alunos não fiquem confusos. É preciso prestar atenção para não supervalorizar determinados registros. Todos são importantes, dependendo dos interesses de cada um e das situações vivenciadas.

A seguir, fornecemos um exemplo de atividade com o objetivo de praticar a linguagem informal ou coloquial. Trata-se de uma proposta para níveis básicos, na qual são apresentados os dois registros: informal e formal.

Figura 6.1 – Atividade de prática da linguagem informal

Praticando a língua	Língua coloquial
Circule as reduções: Diálogo 4 — Pegando táxi a. — Bom dia! b. — Bom dia, por favor, rua XV de Novembro, 1441. a. — Fica perto de qual rua? b. — Eu não sei, mas preciso ir perto da reitoria da Universidade Federal. a. — Ah, tá bom. b. — O trânsito tá muito congestionado hoje.	Reduções do verbo *estar* no presente do indicativo: Eu tô trabalhando (estou) Você tá trabalhando (está) Ele/ela tá trabalhando (está) A gente tá trabalhando (está) Nós tamo trabalhando (estamos) Vocês tão trabalhando (estão) Eles/elas tão trabalhando (estão) Reduções do verbo *trabalhar* no futuro do indicativo:

(continua)

(Figura 6.1 – conclusão)

Praticando a língua	Língua coloquial
a. — O senhor pode me deixar perto do endereço e eu vou caminhando. b. — Tudo bem. Pode ser aqui? A reitoria fica logo ali em frente. a. — Pode ser, obrigada. Diálogo 3 — Na bilheteria do cinema a. — Por favor, uma entrada pro filme das 20h! b. — Meia ou inteira? a. — Desculpe, não entendi. b. — Meia entrada é 50% do valor. É pra quem tem carteirinha de estudante. E inteira é o valor normal. a. — Ah, eu tenho carteirinha de estudante. [...] b. — São R$ 10,00. a. — Obrigada. b. — De nada.	Eu vô trabalhá amanhã (vou trabalhar) Você vai trabalhá amanhã (vai trabalhar) Ele/ela vai trabalhá amanhã (vai trabalhar) A gente vai trabalhá amanhã (vai trabalhar) Nós vamo trabalhá amanhã (vamos trabalhar) Vocês vão trabalhá amanhã (vão trabalhar) Eles/elas vão trabalhá amanhã (vão trabalhar) Abreviações da preposição *para*: para = pra para + a = pra para + o = pro

FONTE: Material didático elaborado pelos professores do Celin-UFPR para utilização nas aulas e cursos ofertados pelo Centro.

Síntese

Neste capítulo, levantamos algumas questões sobre o ensino de PLE e PL2 e variação linguística. Trata-se de um assunto importante, porém um pouco marginalizado, geralmente em virtude do desconhecimento ou do pouco preparo dos professores e elaboradores de materiais didáticos. Casos de utilização da variedade informal do português brasileiro já provocaram muita polêmica no âmbito do ensino de língua materna. O tema é bastante complexo e envolve conceitos enraizados em nossa cultura.

Nas aulas de PLE e PL2, é necessário discutir que falamos distintamente de como escrevemos. Por isso, o professor deve informar aos alunos a realidade heterogênea das línguas, em especial do português brasileiro. Nosso país viveu e vive grandes diferenças sociais, culturais, étnicas, geográficas e históricas. Os níveis de alfabetização também são variados. Há algumas décadas, tínhamos índices considerados altos, o que proporcionou – e ainda proporciona – formas diversificadas de comunicação.

Além das observações teóricas, tratamos de várias questões práticas que podem orientar os professores em formação e permitir trocas e discussões entre os profissionais que já lecionam.

Indicação cultural

PROJETO ATLAS LINGUÍSTICO DO BRASIL. Disponível em: <https://alib.ufba.br/atlas-nacionais>. Acesso em: 9 nov. 2018.

Esse projeto registra e descreve os diferentes sotaques dos brasileiros.

Atividades de autoavaliação

1. As línguas não são uniformes ou homogêneas. Como são partes constitutivas dos seres humanos, que estão em mudança continuamente, elas também se modificam. Além disso, configuram-se de modo diferente, dependendo da localização, da familiaridade com a escrita, do grupo social e do tipo de informação a que os falantes têm acesso.

    Sobre a variação linguística, analise as afirmativas a seguir e marque V para as verdadeiras e F para as falsas.

    ( ) É o estudo sobre a diversidade do modo de falar.
    ( ) Pode ocorrer em virtude de vários fatores, como localização, níveis de escolaridade, estratos sociais, acesso a meios de comunicação, formação cultural e étnica, entre outros.
    ( ) O meio em que vivemos exerce pouca ou nenhuma influência sobre o modo como falamos.
    ( ) A linguagem nos constitui como indivíduos, organiza nossa forma de pensar e de agir, por isso é um organismo vivo que muda continuamente.

    Assinale a alternativa que corresponde à sequência correta:

    a. F, V, F, F.
    b. V, V, V, F.
    c. V, V, F, V.
    d. F, F, F, V.

2. As línguas são constituídas por um conjunto de variedades, as quais apresentam organização e estruturação gramatical. Assim, elas não são deformações ou desestruturações.

Sobre a heterogeneidade das línguas, analise as afirmativas a seguir e marque V para as verdadeiras e F para as falsas.

( ) Existe apenas uma norma-padrão culta e de prestígio, a qual deve ser o modelo de uso para a escrita e a fala em língua portuguesa.
( ) Não é possível limitar os fenômenos linguísticos.
( ) A heterogeneidade das línguas influencia o ensino de português como língua materna e, também, o ensino de PLE e PL2.
( ) A língua portuguesa apresenta dois registros bastante proeminentes: o formal e o informal.

Assinale a alternativa que corresponde à sequência correta:

a. F, V, V, V.
b. V, V, F, V.
c. V, V, F, F.
d. V, F, V, V.

3. Nas práticas de ensino de algumas línguas, é comum constar nos materiais didáticos diferentes registros, utilizados frequentemente na comunicação escrita e oral, assim como reduções e abreviações. Como entendemos que nas aulas de PLE e PL2 não se deve ensinar apenas a norma de prestígio, uma dúvida comum é como fazer com que os alunos tenham contato com os vários falares do português brasileiro.

Sobre a variação linguística e ao ensino de PLE e PL2, analise as afirmativas a seguir e marque V para as verdadeiras e F para as falsas.

( ) Em situações de ensino, é necessário abordar a variedade falada no Brasil em diferentes práticas sociais cotidianas.

( ) As discussões sobre variação linguística ainda são insuficientes na área de estudos de PLE e PL2.

( ) As gramáticas da língua portuguesa são fontes adequadas para que professores e alunos de PLE e PL2 encontrem explicações sobre os aspectos constituintes das estruturas linguísticas.

( ) Para que os alunos de PLE e PL2 tenham contato com diferentes sotaques, registros e variedades do português brasileiro, uma alternativa é o acesso a textos, vídeos e áudios de diversos lugares do país e de pessoas de diferentes níveis socioculturais.

Assinale a alternativa que corresponde à sequência correta:

a. V, V, V, F.
b. V, V, F, V.
c. F, V, F, V.
d. V, V, F, F.

4. O Brasil é um país muito grande e é constituído por uma enorme diversidade étnica, a qual favorece a diversidade linguística. Nas aulas de PLE e PL2, é preciso incluir propostas de ensino que favoreçam o conhecimento tanto da variedade local como das variedades de outras partes do país.

Sobre a diversidade linguística no Brasil, analise as afirmativas a seguir e marque V para as verdadeiras e F para as falsas.

( ) O Brasil, assim como outros países, apresenta uma ou mais variedades de prestígio, que assim são consideradas por muitos cidadãos e por alguns estudantes de PLE e PL2.
( ) Alguns fonemas são mais propensos a apresentar variantes, é o caso do /r/, sobretudo em fim de sílaba ou de palavra.
( ) A pronúncia é o único fator que influencia a configuração dos sotaques.
( ) Assim como as diferentes línguas têm entonação específica, os sotaques também apresentam ritmo marcado/específico, dependendo da região do país.

Assinale a alternativa que corresponde à sequência correta:

a. V, F, V, V.
b. F, V, V, V.
c. V, F, F, V.
d. V, V, F, V.

5. Poucos livros didáticos de PLE e PL2 incluem o registro informal do português brasileiro. Ainda assim, mostram apenas as formas estabilizadas e largamente aceitas, como *pra* e *pro*.

Sobre as possibilidades de exploração de variedades do português brasileiro, analise as afirmativas a seguir e marque V para as verdadeiras e F para as falsas.

( ) É necessário que os alunos tenham contato com diferentes sotaques do português brasileiro desde o início dos cursos e que falem e pratiquem essas variedades.
( ) É mais proveitoso incluir atividades de percepção de diferentes sotaques do português brasileiro nos níveis intermediários,

porém os alunos devem ser sensibilizados a percebê-los desde o início dos cursos.

( ) A prática de pronúncia e entonação é uma atividade importante e deve fazer parte das aulas de PLE e PL2 de forma integrada aos conteúdos e às demais habilidades.

( ) A tendência dos alunos de PLE e PL2 é reproduzir o sotaque do professor ou das pessoas com as quais convivem.

Assinale a alternativa que corresponde à sequência correta:

a. F, V, V, V.
b. V, V, V, F.
c. V, V, F, F.
d. F, V, V, F.

Atividades de aprendizagem

Questões para reflexão

1. Você considera importante abordar diferentes variedades do português brasileiro nas aulas de PLE e PL2? Quais seriam as vantagens para os alunos? Reflita sobre que atividades poderiam ser criadas para a inclusão de diferentes variedades do português brasileiro.

2. O que é possível responder para alunos que desejam apenas praticar a variedade de prestígio da língua?

Atividade aplicada: prática

1. Desenvolva uma atividade para níveis intermediários que inclua a prática de diferentes registros (formal e informal) do português brasileiro.

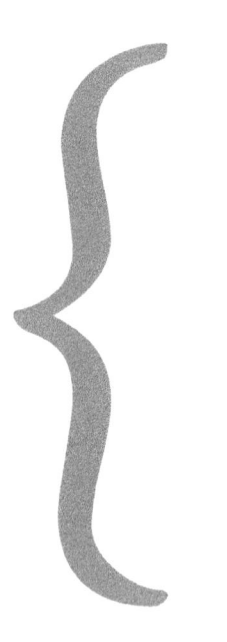

{

considerações finais

❧ AO CHEGAR AO fim deste livro, refletimos sobre o quanto desejávamos que ele existisse. Compartilhar experiências de ensino e de pesquisa são momentos essenciais para nós, professores e pesquisadores. É assim que sentimos o dever cumprido e o quanto foi valioso ter nos empenhado e buscado a cada momento contribuir da melhor forma possível.

  O propósito desta publicação é proporcionar informações e análises sobre as metodologias de ensino de PLE e PL2, porém procuramos, além disso, descrever situações práticas de sala de aula e apresentar orientações para quem leciona e produz materiais didáticos.

  Seria pouco produtivo um livro apenas com descrições teóricas. Há grande carência de textos que forneçam orientações e reflexões voltadas especialmente aos professores de PLE e PL2. Embora exista um número significativo de artigos científicos e outras publicações nessa área, entendemos que, para o efetivo crescimento e desenvolvimento desse ensino, é necessário que muitas outras experiências sejam compartilhadas. Poucas instituições de ensino superior no Brasil têm cursos voltados à formação desses professores, ainda que o processo de internacionalização das universidades brasileiras esteja em expansão.

No decorrer desta publicação, insistimos para que as diversas competências e habilidades sejam exploradas de forma integrada. Colocamo-nos na posição de defensores do ensino híbrido, que procura conter tanto práticas implícitas quanto explícitas e, também, tratar as estruturas gramaticais como recursos linguísticos. No entanto, compreendemos que outros olhares e intenções podem ser apropriados. Tudo depende da sensibilidade em identificar o perfil dos alunos e suas necessidades para, então, desenvolver um plano de trabalho coerente.

Como recebemos alunos de muitos lugares diferentes, certamente teremos contato com pessoas de variadas culturas de aprendizagem. Talvez não seja proveitoso impor um modo de ensino muito diferente daquele a que os estudantes estão habituados. Por isso, podemos mesclar as possibilidades e, assim, mostrar outras alternativas no decorrer das aulas.

Queremos destacar a necessidade de mais estudos e apoio para a publicação de livros didáticos. Professores de PLE e PL2 são, de certa forma, desbravadores, pois vêm trabalhando e construindo uma área de ensino com base no empenho pessoal e de poucas universidades que oferecem disciplinas e cursos de graduação. Devemos ter em mente que ser falante nativo não nos credencia a ensinar nossa língua como estrangeira. Apenas nos especializando vamos atingir níveis de ensino mais apropriados e satisfatórios.

lista de siglas

L2 – Segunda língua

LD – Livro didático

LE – Língua estrangeira

LM – Língua materna

PE – Português para estrangeiros

PL2 – Português segunda língua

PLA – Português língua adicional

PLE – Português língua estrangeira

PLH – Português língua de herança

SL – Segunda língua

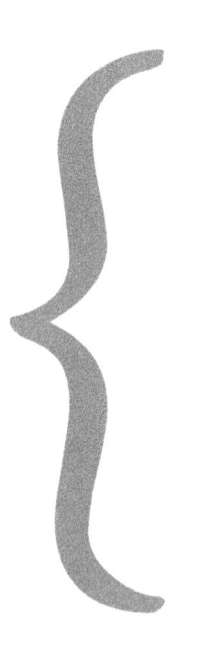

{

referências

ALLWRIGHT, D. The Death of the Method: Plenary Paper for the SGAV Conference, Carleton University, Ottawa, May 1991. Lancaster: Lancaster University, 1991.

ALMEIDA, L. C. B. de. O efeito retroativo do Celpe-Bras no ensino de língua portuguesa para estrangeiros. Anais do Sielp, Uberlândia, v. 2, n. 1, 2012. Disponível em: <http://www.ileel.ufu.br/anaisdosielp/wp-content/uploads/2014/07/volume_2_artigo_168.pdf>. Acesso em: 8 nov. 2018.

ALMEIDA, M. R. Um olhar intercultural na formação de professores de línguas estrangeiras. Tese (Doutorado em Estudos Linguísticos) – Universidade Federal do Paraná, Curitiba, 2011.

ALVES, J. M. (Dir.). Quadro europeu comum de referência para as línguas: aprendizagem, ensino, avaliação. Tradução de Maria Joana Pimentel do Rosário e Nuno Verdial Soares. Lisboa: Asa, 2001.

ANDRIGHETTI, G. H. A elaboração de tarefas de compreensão oral para o ensino de português como língua adicional em níveis iniciais. Dissertação (Mestrado em Linguística Aplicada) – Universidade Federal do Rio Grande do Sul, Porto Alegre, 2009. Disponível em: <https://lume.ufrgs.br/bitstream/handle/10183/23027/000740383.pdf?sequence=1&isAllowed=y>. Acesso em: 9 nov. 2018

_____. Pedagogia de projetos: reflexão sobre a prática do ensino de português como L2. Trabalho de Conclusão de Curso (Graduação em Letras) – Universidade Federal do Rio Grande do Sul, Porto Alegre, 2006.

AUSTIN, J. L. **How to Do Things with Words**. New York: Oxford University Press, 1962. (The William James Lectures, v. 5).

AZIBEIRO, N. E. Educação intercultural e complexidade: desafios emergentes a partir das relações em comunidades populares. In: FLEURI, R. M. (Org.). **Educação intercultural**: mediações necessárias. Rio de Janeiro: DP&A, 2003. p. 85-108.

BAGNO, M. **Gramática pedagógica do português brasileiro**. São Paulo: Parábola, 2011.

_____. Nada na língua é por acaso. São Paulo: Parábola, 2007.

BAILEY, K. M. **Learning About Language Assessment**: Dilemmas, Decisions and Directions. Monterey Institute of International Studies: Heinle & Heinle, 1998.

BAKHTIN, M. Os gêneros do discurso. In: _____. Estética da criação verbal. 6. ed. São Paulo: M. Fontes, 2011. p. 261-306.

BASSO, R. M.; GONÇALVEZ, R. T. **História concisa da língua portuguesa**. Petrópolis: Vozes, 2014.

BHABHA, H. K. **O local da cultura**. Tradução de Myriam Ávila, Eliana Lourenço de Lima Reis e Gláucia Renate Gonçalves. Belo Horizonte: Ed. da UFMG, 1998.

BORGES NETO, J. Gramática do português brasileiro. In: FARACO, C. A.; VIEIRA, F. E. (Org.). **Gramáticas brasileiras**: com a palavra, os leitores. São Paulo: Parábola, 2016. p. 267-291.

BOSCH, V.; SANTOS, J. M. P. Teste de nivelamento para alunos de PLE no Celin-UFPR: descrição e orientações para a aplicação. In: RUANO, B. P. et al. **Cursos de português como língua estrangeira no Celin-UFPR**: práticas docentes e experiências em sala de aula. Curitiba: Ed. da UFPR, 2016. p. 55-74.

BRASIL. Ministério da Educação. **Celpe-Bras**. Disponível em: <http://portal.inep.gov.br/acoes-internacionais/celpe-bras>. Acesso em: 8 nov. 2018a.

_____. **PEC-G**. Disponível em: <http://portal.mec.gov.br/pec-g>. Acesso em: 7 nov. 2018b.

BRASIL. Ministério da Educação. INEP - Instituto Nacional de Estudos e Pesquisas Educacionais. **Postos aplicadores Celpe-Bras 2018**. Disponível em: <http://download.inep.gov.br/outras_acoes/celpe_bras/postos_aplicadores/2018/postos_aplicadores_celpe-bras2018.pdf>. Acesso em: 23 nov. 2018c.

BRASIL. Ministério da Educação. INEP – Instituto Nacional de Estudos e Pesquisas Educacionais. **Certificado de proficiência em língua portuguesa para estrangeiros**: parte escrita – caderno de questões. Brasília: Inep, 2016. Disponível em: <http://www.ufrgs.br/acervocelpebras/arquivos/Provas/2016_1-1>. Acesso em: 8 nov. 2018.

_____. **Certificado de proficiência em língua portuguesa para estrangeiros**: parte oral – roteiro de interação face a face – elementos provocadores. Brasília: Inep, 2017. Disponível em: <http://www.ufrgs.br/acervocelpebras/arquivos/roteiro-de-interacao-face-a-face/2017_2>. Acesso em: 8 nov. 2018.

_____. **Guia de capacitação para examinadores da parte oral do Celpe-Bras**: Certificado de Proficiência em Língua Portuguesa para Estrangeiros. Brasília: Inep, 2013. Disponível em: <www.ufrgs.br/acervocelpebras/arquivos/guias/guia-de-capacitacao-para-examinadores-da-parte-oral>. Acesso em: 7 nov. 2018.

BRASIL. Ministério da Educação. Secretaria de Educação Superior. **Certificado de proficiência em língua portuguesa para estrangeiros**: manual do exame. Brasília: MEC, 2002. Disponível em: <http://www.ufrgs.br/acervocelpebras/arquivos/manuais/manual-2002>. Acesso em: 6 nov. 2018.

BRESSAN, C. G. A elaboração de tarefas com vídeos autênticos para o ensino de línguas estrangeiras. Porto Alegre: Ed. da UFRGS, 2002.

BRITISH COUNCIL. O que é o QECR? Disponível em: <https://www.britishcouncil.pt/os-nossos-niveis-e-o-qecr>. Acesso em: 8 nov. 2018.

BRITO, A. M. et al. Gramática comparativa Houaiss: quatro línguas românicas – português, espanhol, italiano e francês. São Paulo: Publifolha, 2010.

BULLA, G. da S. A realização de atividades pedagógicas colaborativas em sala de aula de português como língua estrangeira. Dissertação (Mestrado em Linguística Aplicada) – Universidade Federal do Rio Grande do Sul, Porto Alegre, 2007. Disponível em: <https://lume.ufrgs.br/bitstream/handle/10183/13377/000639661.pdf?sequence=1&isAllowed=y>. Acesso em: 9 nov. 2018.

_____. Relações entre design educacional, atividade e ensino de português como língua adicional em ambientes digitais. Tese (Doutorado em Linguística Aplicada) – Universidade Federal do Rio Grande do Sul, Porto Alegre, 2014. Disponível em: <https://lume.ufrgs.br/handle/10183/103870>. Acesso em: 9 nov. 2018.

CARVALHO, O. L. S.; BAGNO, M. Gramatica brasileña para hablantes de español. São Paulo: Parábola, 2015.

CASTILHO, A. T. de. Nova gramática do português brasileiro. São Paulo: Contexto, 2010.

CHARAUDEAU, P. Linguagem e discurso: modos de organização. Tradução de Angela M. S. Corrêa e Ida Lúcia Machado. 2. ed. São Paulo: Contexto, 2012.

COLL, C. Psicologia e currículo: uma aproximação psicopedagógica e elaboração do currículo escolar. São Paulo: Ática, 1996.

CORACINI, M. J. O discurso da linguística aplicada e a questão da identidade: entre a modernidade e a pós-modernidade. In: CORACINI, M. J.; BERTOLDO, E. S. (Org.). **O desejo da teoria e a contingência da prática**: discursos sobre e na sala de aula – (língua materna e língua estrangeira). Campinas: Mercado de Letras, 2003. p. 87-115.

_____. **Interpretação, autoria e legitimação do livro didático**. São Paulo: Pontes, 1999.

ELLIS, R. **Second Language Acquisition**. Oxford: Oxford University Press, 1997.

FARACO, C. A. Estudos pré-saussurianos. In: MUSSALIM, F.; BENTES, A. C. (Org.). **Introdução à linguística**: fundamentos epistemológicos. São Paulo: Cortez, 2011. v. 3. p. 27-52.

_____. **História sociopolítica da língua portuguesa**. São Paulo: Parábola, 2016.

_____. **Linguística histórica**: introdução ao estudo da história das línguas. São Paulo: Parábola, 2005.

_____. **Norma culta brasileira**: desatando alguns nós. São Paulo: Parábola, 2008.

FCC - Fundação Cultural de Curitiba. **Centro de Criatividade de Curitiba**. Disponível em: <http://www.fundacaoculturaldecuritiba.com.br/espacos-culturais/centro-de-criatividade-de-curitiba/>. Acesso em: 23 nov. 2018.

FONTÃO, E.; COUDRY, P. **Fala Brasil**: português para estrangeiros. 17. ed. São Paulo: Pontes, 2007. Livro do aluno.

FRANCHI, C. Linguagem: atividade constitutiva. **Cadernos de Estudos Linguísticos**, Campinas, n. 22, p. 9-39, jan./jun. 1992. Disponível em: <https://periodicos.sbu.unicamp.br/ojs/index.php/cel/article/download/8636893/4615>. Acesso em: 22 nov. 2018.

FRANCHI, C.; FIORIN, J. L.; ILARI, R. (Org.). **Linguagem**: atividade constitutiva – teoria e poesia. São Paulo: Parábola, 2011.

FREIRE, P. **Pedagogia da autonomia**: saberes necessários à prática educativa. 49. ed. Rio de Janeiro: Paz e Terra, 2014.

FREITAS, P. G. de. Os efeitos de duas estratégias de ensino, uma implícita e outra explícita, na aprendizagem do presente e do passato prossimo do italiano como língua estrangeira. 336 f. Tese (Doutorado em Linguística) – Universidade Federal de Santa Catarina, Florianópolis, 2014. Disponível em: <https://repositorio.ufsc.br/bitstream/handle/123456789/132448/332958.pdf?sequence=1&isAllowed=y>. Acesso em: 8 nov. 2018.

GEERTZ, C. A interpretação das culturas. Rio de Janeiro: LTC, 2008.

GROLLA, E.; SILVA, M. C. F. **Aquisição da linguagem**. São Paulo: Contexto, 2014. (Coleção Para Conhecer).

GROSSO, M. J. Língua de acolhimento, língua de integração. **Horizontes de Linguística Aplicada**, v. 9, n. 2, p. 61-77, 2010. Disponível em: <http://periodicos.unb.br/index.php/horizontesla/article/download/5665/4694>. Acesso em: 9 nov. 2018.

GROSSO, M. J. (Coord.). **Quarepe**: Quadro de Referência para o Ensino Português no Estrangeiro – documento norteador. Lisboa: Ministério da Educação, 2011.

ILARI, R.; BASSO, R. **O português da gente**: a língua que estudamos, a língua que falamos. 2. ed. São Paulo: Contexto, 2011.

JANSON, T. **A história das línguas**: uma introdução. São Paulo: Parábola, 2015.

JORDÃO, C. M. O que todos sabem... ou não: letramento crítico e questionamento conceitual. **Revista Crop**, v. 12, p. 21-46, 2007.

KRAEMER, F. F. **Português língua adicional**: progressão curricular com base em gêneros do discurso. 191 f. Dissertação (Mestrado em Letras) – Universidade Federal do Rio Grande do Sul, Porto Alegre, 2012. Disponível em: <https://www.lume.ufrgs.br/bitstream/handle/10183/54078/000837705.pdf?...1>. Acesso em: 8 nov. 2018.

KUMARAVADIVELU, B. The Postmethod Condition: (E)merging Strategies for Second/Foreign Language Teaching. **Tesol Quarterly**, v. 28, p. 27-48, 1994.

LARSEN-FREEMAN, D. **Techniques and Principles in Language Teaching**. New York: Oxford University Press, 2000.

LEITE, M. F. F. **O ensino-aprendizagem da cultura em PLE**: contributos para uma educação intercultural. 123 f. Tese (Doutorado em Letras) – Universidade do Porto, Porto, 2011. Disponível em: <https://repositorio-aberto.up.pt/bitstream/10216/57332/2/TESEMESMARIALEITE000141871.pdf>. Acesso em: 6 nov. 2018.

LIMA, E. E. O. F. et al. **Novo Avenida Brasil**: curso básico de português para estrangeiros. São Paulo: EPU, 2008. Livro texto e livro de exercícios. v. 1.

LIMA, E. E. O. F.; IUNES, S. A. **Falar... ler... escrever, português**: um curso para estrangeiros. Rio de Janeiro: EPU, 2017.

MARCUSCHI, L. A. **O papel da linguística no ensino de línguas**. Universidade Federal de Pernambuco, 2000. Disponível em: <http://relin.letras.ufmg.br/shlee/Marcuschi_2000.pdf>. Acesso em: 5 nov. 2018.

MATTOS, A. M. de A.; VALÉRIO, K. M. Letramento crítico e ensino comunicativo: lacunas e interseções. RBLA, Belo Horizonte, v. 10, n. 1, p. 135-158, 2010. Disponível em: <http://www.scielo.br/pdf/rbla/v10n1/08.pdf>. Acesso em: 6 nov. 2018.

MENDES, E. A ideia de cultura e sua atualidade para o ensino-aprendizagem de LE/L2. Revista EntreLínguas, São Paulo, v. 1, n. 2, p. 203-221, jul./dez. 2015. Disponível em: <https://periodicos.fclar.unesp.br/entrelinguas/article/download/8060/5489>. Acesso em: 6 nov. 2018.

_____. O português como língua de mediação cultural: por uma formação intercultural de professores e alunos de PLE. In: MENDES, E. (Org.). **Diálogos interculturais: ensino e formação em português língua estrangeira**. Campinas: Pontes, 2011. p. 139-158.

MENEZES, E. R. de. **Crenças de professores de PLE e alunos asiáticos do Celin-UFPR**. 178 f. Dissertação (Mestrado em Estudos Linguísticos) – Universidade Federal do Paraná, Curitiba, 2015. Disponível em: <https://acervodigital.ufpr.br/bitstream/handle/1884/41340/R%20-%20D%20-%20ESTER%20ROOS%20DE%20MENEZES.pdf?sequence=2&isAllowed=y>. Acesso em: 7 nov. 2018.

MENEZES, E. R. de; SANTOS, J. M. P. Contexto de aprendizagem de português L2: comunidades de práticas em ambientes multilinguais/multiculturais. Revista X, Curitiba, v. 2, n. 30, p. 133-171, 2012. Disponível em: <https://revistas.ufpr.br/revistax/article/download/29305/20378>. Acesso em: 9 nov. 2018.

NUNAN, D. **Designing Tasks for the Communicative Classrooms**. Cambridge: Cambridge University Press, 1989.

OLIVEIRA, M. R. de. Linguística textual. In: MARTELOTTA, M. E. (Org.). **Manual de linguística**. 2. ed. São Paulo: Contexto, 2015. p. 193-203.

PAIVA, A. F.; VIANA, N. Reflexões acerca do livro didático de português como língua estrangeira em uma perspectiva intercultural. In: BARBOSA, L. M. de A. (Org.). **(Inter)faces (inter)culturais no ensino-aprendizagem de línguas**. Campinas: Pontes, 2014. p. 13-32.

PEREIRA, A. L.; GOTTHEIM, L. (Org.). **Materiais didáticos para ensino de língua estrangeira:** processos de criação e contextos de uso. Campinas: Mercado de Letras, 2013.

PERINI, M. **Gramática do português brasileiro.** São Paulo: Parábola, 2010.

PONCE, H.; FLORISSI, S. BURIM, S. R. B. A. **Panorama Brasil:** ensino do português do mundo dos negócios. São Paulo: Galpão, 2006.

PRABHU, N. S. There is no Best method: Why? **Tesol Quarterly,** v. 24, n. 2, p. 161-176, Summer. 1990.

RAJAGOPALAN, K. **Por uma linguística crítica:** linguagem, identidade e a questão ética. São Paulo: Parábola, 2013.

ROCHA, N. A.; GILENO, R. S. da S. Ensino e aprendizagem de português língua estrangeira (PLE): repensando o contexto de imersão. EntreLínguas, Araraquara, v. 1, n. 2, p. 237-253, jul./dez. 2015. Disponível em: <https://periodicos.fclar.unesp.br/entrelinguas/article/download/8062/5491>. Acesso em: 9 nov. 2018.

ROJO, R. Gêneros do discurso e gêneros textuais: questões teóricas e aplicadas. In: MEURER, J. L.; BONINI, A.; MOTTA-ROTH, D. (Org.). **Gêneros:** teorias, métodos, debates. São Paulo: Parábola, 2005. p. 184-207.

ROMANICHEN, C. Viva! Língua portuguesa para estrangeiros. Curitiba: Positivo, 2010. v. 1.

RUANO, B. P.; SANTOS, J. M. P.; SALTINI, L. M. L. (Org.). **Cursos de português como língua estrangeira no Celin-UFPR:** práticas docentes e experiências em sala de aula. Curitiba: Ed. da UFPR, 2016.

SANTOS, E. M. O. **Abordagem comunicativa intercultural (ACIN):** uma proposta para ensinar e aprender língua no diálogo de culturas. Tese (Doutorado em Linguística Aplicada) – Universidade Estadual de Campinas, Campinas, 2004.

SANTOS, J. M. P. dos. Análise de uma unidade didática para estudantes iniciantes do curso de PLE no Celin-UFPR. Revista X, Curitiba, v. 12, n. 2, p. 171-191, 2017. Disponível em: <https://revistas.ufpr.br/revistax/article/download/50971/34206>. Acesso em: 6 nov. 2018.

_____. Propostas de critérios para elaboração de unidades temáticas e de enunciados de tarefas em contexto de ensino de PLE no Celin-UFPR. 151 f. Dissertação (Mestrado em Estudos Linguísticos) – Universidade Federal do Paraná, Curitiba, 2014. Disponível em: <https://acervodigital.ufpr.br/bitstream/handle/1884/37950/R%20-%20D%20-%20JOVANIA%20MARIA%20PERIN%20DOS%20SANTOS.pdf?sequence=3&isAllowed=y>. Acesso em: 6 nov. 2018.

SANTOS, L. G. dos. Avaliação de desempenho para nivelamento de alunos de português como língua estrangeira. Dissertação (Mestrado em Linguística Aplicada) – Universidade Federal do Rio Grande do Sul, Porto Alegre, 2007.

SCARAMUCCI, M. V. R. Efeito retroativo da avaliação no ensino/aprendizagem de línguas: o estado da arte. Trabalhos em Linguística Aplicada, v. 43, n. 2, p. 203-226, 2004.

_____. O professor avaliador: sobre a importância da avaliação na formação do professor de língua estrangeira. In: ROTTAVA, L.; SANTOS, S. S. (Org.). Ensino e aprendizagem de línguas: língua estrangeira. Ijuí: Ed. da Unijuí, 2006. p. 49-64.

_____. O projeto Celpe-Bras no âmbito do Mercosul: contribuições para uma definição de proficiência comunicativa. In: ALMEIDA FILHO, J. C. P. de. (Org.). Português para estrangeiros: interface com o espanhol. Campinas: Pontes, 1995. p. 77-90.

SCARAMUCCI, M. V. R. et al. A avaliação de proficiência em português língua estrangeira: o exame Celpe-Bras. **Revista Brasileira de Linguística Aplicada**, Belo Horizonte, v.3, n. l, p. 153-184, 2003. Disponível em: <http://www.scielo.br/pdf/rbla/v3n1/10.pdf>. Acesso em: 7 nov. 2018.

SCHERRE, M. M. P. **Doa-se lindos filhotes de poodle:** variação linguística, mídia e preconceito. 2. ed. São Paulo: Parábola, 2005.

SCHLATTER, M. Celpe-Bras: Certificado de língua portuguesa para estrangeiros – breve histórico. In: CUNHA, M. J.; SANTOS, P. (Org.). **Ensino e pesquisa em português para estrangeiros**. Brasília: Ed. da UnB, 1998. p. 97-104.

SCHLATTER, M.; GARCEZ, P. **Referenciais curriculares para o ensino de língua espanhola e de língua inglesa**. Rio Grande do Sul: Secretaria de Educação, 2009.

SCHOFFEN, J. R. Gêneros do discurso e parâmetros de avaliação de proficiência em português como língua estrangeira no exame Celpe-Bras. Tese (Doutorado em Linguística Aplicada) – Universidade Federal do Rio Grande do Sul, Porto Alegre, 2009.

SILVA, G. A. A era pós-método: o professor como um intelectual. Linguagens & Cidadania, v. 6, n. 2, jul./dez. 2004. Disponível em: <http://coral.ufsm.br/lec/02_04/Gisvaldo.htm>. Acesso em: 8 nov. 2018.

SILVA, T. C. **Fonética e fonologia do português:** roteiro de estudos e guia de exercícios. 9. ed. São Paulo: Contexto, 2008.

TORRENTE, A. Gringos com alma curitibana. **Gazeta do Povo**, Curitiba, 29 set. 2013. Viver Bem, Comportamento.

UFRGS – Universidade Federal do Rio Grande do Sul. **Celpe-Bras:** um pouco de história. Disponível em: <http://www.ufrgs.br/acervocelpebras/um-pouco-de-historia>. Acesso em: 7 nov. 2018.

UFPR – Universidade Federal do Paraná. CELIN – Centro de Línguas e Interculturalidade. **Português como língua estrangeira:** língua e cultura. Disponível em: <http://www.celin.ufpr.br/index.php/cursos/cursos-do-celin/16-catalogo-eletronico-de-cursos/133--portugues-como-lingua-estrangeira-lingua-e-cultura>. Acesso em: 9 nov. 2018.

VIGOTSKY, L. S. **A formação social da mente.** São Paulo: M. Fontes, 1984.

WENGER, E. **Communities of Practice:** Learning, Meaning, and Identity. 18. ed. Cambridge: Cambridge University Press, 2008.

_____. **Cultivating Communities of Practice:** a Quick Start-Up Guide. 2002. Disponível em: <http://wenger-trayner.com/wp-content/uploads/2015/03/Start-up-guide-EN1.pdf>. Acesso em: 7 nov. 2018.

bibliografia comentada

BARBOSA, L. M. de A. (Org.). (Inter)faces (inter)culturais no ensino-aprendizagem de línguas. Campinas: Pontes, 2014.

A publicação reúne artigos voltados a estudos interculturais e ao ensino-aprendizagem de línguas, principalmente na área do português língua estrangeira (PLE). Traz reflexões acerca do livro didático e da perspectiva intercultural, sobre o uso da tradução como diálogo intercultural, os estereótipos culturais, as estratégias de aprendizagem na compreensão escrita, as representações culturais, as interações virtuais e a competência intercultural, entre outros temas. A organizadora do livro tem larga experiência no ensino de PLE e contribui com reflexões sobre a formação de professores e as práticas de ensino interculturais.

BASSO, R. M.; GONÇALVEZ, R. T. História concisa da língua portuguesa. Petrópolis: Vozes, 2014.

O livro apresenta a trajetória da língua portuguesa, incluindo suas origens no proto-indo-europeu e no latim até chegar à ocupação portuguesa do Brasil e como ela se desenvolveu em nosso país. Esses conhecimentos fornecem visão ampla e proporcionam entendimento histórico sobre nosso idioma. Para os professores de Língua Portuguesa, seja materna ou estrangeira, trata-se de um conteúdo primoroso e importante para sua formação.

JANSON, T. A história das línguas: uma introdução. São Paulo: Parábola, 2015.

O autor trata do processo de desenvolvimento de algumas línguas de grande influência ao redor do mundo. Para os estudantes de Letras e interessados em estudos sobre a linguagem, a obra fornece grande conhecimento sobre como as línguas se constituem e exercem influência política e cultural. Além de estudos sobre o passado das línguas e de como elas nascem e se transformam, há reflexões e projeções sobre o que poderá acontecer no futuro em relação aos idiomas.

MENDES, E. (Org.). **Diálogos interculturais**: ensino e formação em português língua estrangeira. Campinas: Pontes, 2011.

O livro reúne artigos produzidos por professores e pesquisadores que atuaram em um curso de formação e atualização para professores de PLE para falantes de espanhol. O curso referido foi realizado pela Casa do Brasil de Buenos Aires, em parceria com a Universidade Federal da Bahia, nos anos de 2009 e 2010. Os artigos abordam diversos aspectos do processo de ensino-aprendizagem de língua estrangeira, como planejamento, abordagens de ensino, materiais didáticos e avaliação, tendo como preocupação a formação dos professores nas perspectivas intercultural e crítica.

PEREIRA, A. L.; GOTTHEIM, L. (Org.). **Materiais didáticos para ensino de língua estrangeira**: processos de criação e contextos de uso. Campinas: Mercado de Letras, 2013.

Os artigos deste livro são direcionados às práticas de ensino e à produção de materiais didáticos para o ensino de PLE. São reflexões muito úteis para quem pretende desenvolver ou adaptar atividades ou conteúdos para o ensino. As observações incentivam o espírito investigativo e crítico desde o momento da concepção dos materiais, passando por seu desenvolvimento até sua aplicação.

RUANO, B. P.; SANTOS, J. M. P.; SALTINI, L. M. L. (Org.). **Cursos de português como língua estrangeira no Celin-UFPR: práticas docentes e experiências em sala de aula.** Curitiba: Ed. da UFPR, 2016.

Essa obra apresenta uma visão panorâmica sobre os cursos de PLE desenvolvidos em um centro de línguas pertencente à Universidade Federal do Paraná. Além de fornecer um histórico sobre a criação dos cursos, os artigos trazem reflexões sobre o funcionamento das aulas e os desafios mais frequentes do ensino-aprendizagem na área do PLE. O livro também traz relatos do projeto Português Brasileiro para Migração Humanitária (PBMIH) e a experiência de formação de professores.

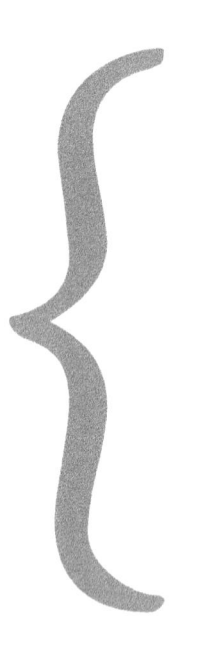

{

respostas

um

Atividades de autoavaliação

1. c

    Apenas a segunda afirmativa está incorreta, pois se refere à nomenclatura de língua adicional, em vez de língua estrangeira.

2. b

    As informações contidas na primeira e na quarta afirmativas estão ligadas ao ensino de língua estrangeira. Já a segunda e a terceira afirmativas trazem informações sobre o ensino de língua materna, pois se referem à aprendizagem na infância.

3. d

    A segunda afirmativa está errada, pois um dos grandes desafios do ensino *on-line* de línguas é a prática da oralidade. A quarta afirmativa também está errada, pois diz ser impossível a interação e a integração entre os participantes do curso, mas existem muitas situações de interação *on-line*.

4. a

    A segunda e a terceira afirmativas não respondem satisfatoriamente à pergunta apresentada no enunciado. As asserções da primeira e da quarta afirmativas referem-se exclusivamente à identificação do perfil dos alunos.

5. c

Apenas a segunda e a quarta afirmativas referem-se adequadamente à língua de acolhimento. A primeira afirmativa é muito abrangente e a terceira descreve o ensino para expatriados, que, embora tenha semelhanças com a língua de acolhimento, tem um público com condição social muito mais favorável.

dois
Atividades de autoavaliação

1. a

A terceira afirmativa apresenta uma visão de língua que pode ser interpretada por duas abordagens: a comunicativa e o letramento crítico. As demais afirmativas correspondem, respectivamente, à abordagem estruturalista e a abordagens que priorizam o trabalho com textos autênticos.

2. c

Apenas a terceira afirmativa está incorreta, pois relaciona a visão de língua como forma de ação e de interação à abordagem estruturalista. Essa visão de língua está ligada à abordagem comunicativa.

3. d

A primeira afirmativa está incorreta, pois diz que a competência comunicativa é pouco relevante para esse tipo de abordagem. A terceira afirmativa também é falsa, pois a abordagem comunicativa faz parte do grupo das concepções pós-estruturalistas, e não pré-estruturalistas.

4. b

Apenas a segunda e a quarta afirmativas correspondem adequadamente ao conceito de ensino de língua por tarefas. A primeira afirmativa diz que o ensino de língua por tarefas (ELT) tem procedimentos prescritivos, ou seja, bastante rígidos a serem seguidos, o que não é verdade. A terceira afirmativa fala que a noção de tarefa é a mesma do conceito comum de **tarefa de casa**, o que não corresponde ao conceito empregado no ELT.

5. c

Apenas a quarta afirmativa está incorreta, pois relaciona o letramento crítico à visão estruturalista. O estruturalismo tinha por objetivo estudar a linguagem como sistema e não tinha como foco a análise crítica de situações sociopolíticas.

três

Atividades de autoavaliação

1. c

Todas as afirmativas apresentadas estão de acordo com o que é solicitado.

2. b

A terceira e a quarta afirmativas estão corretas, pois apresentam informações condizentes com as possibilidades relativas à postura do professor em situações de ensino intercultural.

3. a

A primeira e a terceira afirmativas são relativas ao pensamento socrático e a segunda e a quarta, ao pensamento confucionista.

4. d

Estão corretas a primeira e a quarta afirmativas, pois apresentam informações procedentes no que se refere ao desenvolvimento do processo de ensino-aprendizagem. A informação sobre as línguas que não fazem uso de artigos também está correta. A segunda e a terceira afirmativas estão incorretas, pois a pronúncia e a entonação são itens muito importantes para a aprendizagem, e as línguas não apresentam a mesma configuração sintática.

5. c

A segunda e a terceira afirmativas estão corretas porque consideram que há semelhanças entre as línguas neolatinas e que algumas palavras são diferentes. A primeira afirmativa está incorreta porque faz uma afirmação complexa e não é possível afirmar categoricamente que os hispanos aprendem português com altos níveis de proficiência mais facilmente do que outros alunos. E a segunda porque a língua inglesa não faz parte desse grupo, pois é uma língua germânica.

quatro

Atividades de autoavaliação

1. b

A terceira afirmativa está incorreta, pois o Celpe-Bras é aplicado no Brasil e em vários outros países.

2. d

A primeira afirmativa está incorreta porque diz que o construto teórico do exame é composto apenas dos gêneros discursivos, porém há outras abordagens que contribuem para o exame. A terceira afirmativa também está incorreta, pois aponta a abordagem gramatical como importante para o exame, no entanto, ele é construído com preceitos que se distanciam dessa abordagem. As demais afirmativas estão corretas, pois o exame de fato contém apenas textos autênticos como textos-base e é de caráter comunicativo.

3. b

A segunda e a terceira afirmativas estão corretas, pois apresentam informações verdadeiras sobre a avaliação holística. A primeira e a quarta afirmativas estão incorretas, pois a primeira considera que a avaliação holística não possui critérios e a quarta diz que os critérios são separados.

4. a

A segunda afirmativa contém uma sugestão conforme as orientações disponíveis no *site* do Ministério da Educação (MEC), em que é estimulada a leitura de textos diversos. As demais afirmativas não correspondem a procedimentos adequados. A memorização de regras gramaticais não é indicada porque o exame não solicita esse tipo de descrição.

5. c

A primeira e a quarta afirmativas estão corretas, pois estão em consonância com o construto teórico do exame. A segunda e a terceira afirmativas estão incorretas porque apresentam visões de trabalho condizentes com a abordagem gramatical.

cinco
Atividades de autoavaliação

1. d

A segunda afirmativa está correta, pois contém as informações relacionadas às áreas de atuação. A primeira afirmativa fala sobre um grande desafio característico dos cursos de línguas *on-line*. A segunda fala sobre as aulas particulares em que os professores têm total liberdade para criar seus conteúdos. A terceira refere-se ao ensino individual, mas que é realizado em instituições de ensino e por isso tem de seguir orientações ou normas estabelecidas. A quarta destaca a demanda variada que compõe as aulas em grupos.

2. d

A segunda afirmativa está incorreta, pois desconsidera conceitos teóricos, o que não condiz com o desenvolvimento e a organização de cursos de PLE e PL2. As demais afirmativas destacam a importância de fazer testes de nivelamento, estudar o perfil dos alunos e produzir atividades que estejam de acordo com as interações comuns do cotidiano dos alunos.

3. b

A primeira e a quarta afirmativas estão corretas, pois relacionam os planos de aula a situações de interação. A segunda e a terceira afirmativas estão incorretas, pois não é adequado afirmar que existe apenas um formato de plano de aula e associar as atividades a períodos de tempo rígidos.

4. b

A primeira afirmativa está incorreta, pois diz que as gramáticas são únicas. Além disso, a abordagem gramatical não entende a gramática como recurso linguístico, e sim como um modelo idealizado de língua. As demais afirmativas estão corretas, pois se referem à necessidade de a definição dos objetivos e os gêneros textuais/discursivos fazer parte dos programas.

5. d

A primeira e a terceira afirmativas estão incorretas. A primeira porque se refere ao plano de aula, e a terceira porque não há um plano de orientação para o ensino de PLE e PL2. As demais afirmativas estão corretas, pois apresentam um conceito de currículo e o que deve constar nele.

seis

Atividades de autoavaliação

1. c

A primeira, a segunda e a quarta afirmativas estão corretas, pois se referem à variação linguística. A primeira apresenta uma descrição; a segunda, o motivo pelo qual ela ocorre; e a quarta, uma explicação sobre por que isso acontece. A terceira afirmativa está incorreta porque considera que o meio em que vivemos exerce pouca influência na variação linguística, o que não está de acordo com as demais afirmativas.

2. a

Apenas a primeira afirmativa está incorreta, pois diz que a norma culta é um modelo a ser seguido tanto para a escrita quanto para a fala. Sabemos que essa é uma visão restritiva quando diz que apenas um modelo deve ser seguido como padronização. Na prática, existem diferentes variedades que são utilizadas conforme o contexto. As demais afirmativas estão condizentes com as informações sobre variação linguística tratadas no capítulo.

3. b

A terceira afirmativa está incorreta, pois não corresponde ao conteúdo relacionado à variação linguística. É necessária uma gramática específica que atenda às especificidades do ensino de PLE e PL2. As demais afirmativas estão corretas, porque se referem à variação linguística e ao ensino.

4. d

A terceira afirmativa está incorreta, pois a pronúncia não é o único aspecto que influencia os sotaques: a entonação também é um fator relevante. As demais afirmativas apresentam informações verdadeiras no que se refere à diversidade linguística no Brasil.

5. a

A primeira afirmativa está incorreta, pois considera adequado que os alunos pratiquem e falem diferentes variedades do português. É importante que os alunos reconheçam a existência delas, porém eles utilizarão a variedade com a qual tiverem mais contato.

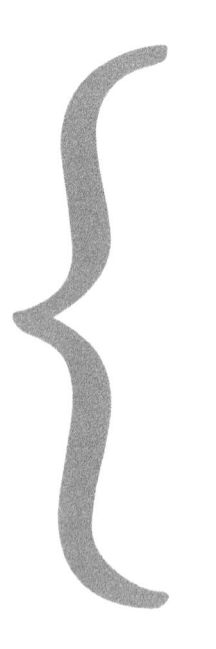

{

sobre a autora

❲ JOVANIA MARIA PERIN SANTOS é licenciada em Letras Português e Inglês pela Universidade Tuiuti do Paraná (UTP). Especializou-se no ensino de línguas estrangeiras modernas pela Universidade Federal do Paraná (UFPR), onde também fez mestrado em Estudos Linguísticos e atualmente faz doutorado em Estudos Gramaticais. Dedica-se à produção de materiais didáticos para o ensino de português como língua estrangeira, área em que atua como professora desde 2000, e como formadora de professores de PLE e PL2 desde 2010. Foi organizadora do livro *Cursos de português como língua estrangeira no Celin-UFPR: práticas docentes e experiências em sala de aula* (2016).

Os papéis utilizados neste livro, certificados por instituições ambientais competentes, são recicláveis, provenientes de fontes renováveis e, portanto, um meio responsável e natural de informação e conhecimento.

Impressão: Reproset
Abril/2021